以学习
为中心的
教学设计

朱则光 / 著

中国人民大学出版社
·北京·

目 录

序·李希贵 / 1

第一辑　课堂学习，应是一条清晰可测的线段

怎样确定学习目标 / 5

　　经纬定位法 / 5

　　核心问题 / 7

　　少就是多 / 9

怎样落实学习目标 / 14

　　两个特征 / 14

　　四个策略 / 18

　　三个关系 / 30

课例点评：学习目标的提出和落实 / 40

第二辑　教育有道亦有术

教师的"一句话工具" / 49

  同学们最想听谁朗读 / 49

  何以见之 / 50

  就这一点（这个句子），谁还想谈谈 / 50

  经过刚才的讨论，你的经验或教训是什么 / 50

  等你们小组成员都会了，才能举手回答 / 51

  哪些可以不教？哪些还是要教的？ / 51

  一点儿想法也没有的请举手！ / 52

  你不是不能成功，只是还未全力以赴 / 52

  你只是看起来很努力 / 53

  着急无法解决当下的问题 / 53

管窥提问 / 54

  策　划 / 54

  实　施 / 56

  点　拨 / 58

  总　结 / 59

五步讨论法：引导学生深度讨论一个问题 / 60

披沙拣金：宁鸿彬老师的三个阅读工具 / 62

比较法：一款深度讨论的学习工具 / 68

怎样减少课堂里的"吃瓜群众" / 71

在生活和活动的真实情境中学习 / 73

什么样的课堂管理才有效 / 79

  什么是课堂管理 / 79

  怎样进行有效的课堂管理 / 81

会的同学请举手 / 86

 会的请举手，不会的呢 / 86

 关于教学的着力点 / 87

 细节非"小节" / 89

如果让语文老师去放牛 / 90

 教与学应该是一种什么关系 / 92

 学生学什么，怎么学，学到什么程度 / 93

 教师教什么，怎么教，教到什么程度 / 94

探寻学习活动设计的奥秘 / 97

课例研读：课堂学习活动设计的智慧 / 101

 真实性 / 101

 教育性 / 102

 语文性 / 103

让对话在"伟大"中穿行:《藤野先生》的教学 / 110

 感受一种深情 / 111

 体味一段境遇 / 113

 铭刻一份感动 / 115

在运用语言中学习语言:《为你打开一扇门》的教学 / 117

 对话标题 / 117

 读文写话 / 117

 感受句式 / 118

 主题演讲 / 119

 规划蓝图 / 119

在运用语言中学习语言:《学问和智慧》的教学 / 120

 学习目标 / 120

 重点难点 / 120

教学流程 / 120

在运用语言中学习语言：《在莫泊桑葬礼上的演说》的教学 / 125

　　学习策略 / 125

　　重点难点 / 125

　　学习设计 / 125

在运用语言中学习语言："短语"活动学习设计 / 129

　　轻松导入 / 129

　　唤醒记忆 / 129

　　自主学习 / 129

　　质疑解难 / 130

　　活动过程 / 131

第三辑　语文大单元学习

为什么要进行语文大单元学习 / 135

如何进行语文大单元学习 / 139

　　确定学习目标 / 139

　　设计核心任务 / 141

　　整合学习资源 / 144

　　提供学习支撑 / 147

　　评价学习结果 / 154

"校园奥斯卡"单元学习设计 / 157

　　学习目标 / 157

　　核心任务 / 157

　　学时安排 / 157

　　时间管理 / 157

学习工具一：谁是"汉字英雄" / 158

　　学习工具二："声临其境" / 159

　　学习工具三：剧本排行榜 / 159

　　学习工具四：听我给你说说戏 / 160

第四辑　再来一次：教育的耐心和智慧

究竟什么是理解 / 167

　　百度百科：理解的两个标志 / 167

　　程翔：理解的四种类型 / 171

　　威金斯：理解的"六侧面" / 173

　　对"理解"的理解 / 175

让学习从山腰开始，在山顶展示 / 179

再来一次：教育的耐心和智慧 / 182

讲过的题怎么还错呢 / 185

分数的背后是什么 / 190

让学生真正坐在驾驶座上 / 194

教育，该为谁服务 / 197

　　"这是我的任务！" / 197

　　教育，为学生的成长服务 / 198

　　怎样确保为学生的成长服务 / 199

　　教育，须回归人的本真 / 202

后　记 /204

序

·李希贵·

作为朱则光老师的同事，无论是学习他的文章，还是接触他的工作风格，我脑海里常常浮现出一句话："非常理想，特别现实。"

则光是一位非常杰出的语文教师，但他在语文教学方面的卓越表现远不是传统优秀教师的样子，除了专业本身的厚积薄发，他拥有一般教师欠缺的领导学生学习的能力。他班上的学生，无论什么类型，不管何样基础，总是全部被激发，被点燃，在充满对语文热爱的同时，当然也充满了对则光老师的崇敬。说实话，教师作为一项影响人、唤醒人的特殊职业，如何平衡管理与教育的分量，则光通过自己领导力的实践，给了我们一个很好的解决方案。当然，这也成为他走上学校领导岗位的一个重要理由。

则光的领导力，主要体现在他对崇高和美好的追求上。无论是在课堂上帮助学生设定目标，还是做年级主任、图书馆馆长期间和同事们确立团队愿景，甚至在校园里参与每一次分享交流活动，我们都无一例外地感受到了这样的美好与崇高。当然，他很自然地在师生中形成了凝聚力和战斗力，他所带的团队让你放心，让你振奋，甚至让你羡慕，这也是让我在脑海里浮现"非常理想"的原因。

则光的领导力，还体现在他工作的务实精神上。问题导向，从发现身边的问题开始，全景扫描校园内各方，系统思考问题的全链，扎扎实实，分步推进，不畏艰难。这当然给团队的同事们带来了信心，也做出了示范。这些领导品质，我们也完全能从这本书中看得清楚。他在每一天的课堂教学中，也始终在践行同样的逻辑。而且，在帮助学生学习的过程中，特别注意自己的教练角色，给学生提供了大量的工具、脚手架，为不同的学生到达成功的彼岸提供了各种可能。从这个意义上说，管理和教学，从本质上其实有着完全相似的内涵。

在日常的领导工作中，我们常慨叹人才的匮乏，尤其缺少素质全面的管理人才。有的理想丰满，但欠缺扎实的功底，特别是解决难题的能力；有的勤劳扎实，却往往少了些价值感的崇高。而则光却在这两个方面兼而有之，实令我等欣慰。这本关于教学设计的论著，是他过去教学工作的一些积累，十分鲜明地体现着"非常理想，特别现实"的特征，不仅适合语文同行，也同样可以给其他学科老师以借鉴。当然，即使是一位管理者，也可以从中受到启发。

希望则光在学生管理实践中不断探索，在解决问题中生成更多"非常理想，特别现实"的领导智慧。

第 一 辑

课堂学习，应是一条清晰可测的线段

课堂学习是一种依据国家课程标准在特定时空内展开的、目的性很强的学习活动。

课堂教学，不应该是一条只有起点、没有终点的射线，而应该是一条有始有终、清晰可测的线段。

只有让有限目标代替无限目标，让清晰目标代替模糊目标，课程标准才能落地，核心素养才能生根。

怎样确定学习目标

无限目标往往以文本为中心，有限目标往往以目标本身为中心。也就是说，无限目标是从具体的文本中提炼目标，起于文本，止于文本；有限目标是狙击，针对目标精准射击，文本只是例子，起于目标，止于目标。

那么，怎样确定学习目标呢？

经纬定位法

经纬定位法，包括经线定位法和纬线定位法。

先进行经线定位。经线就是学生学习经历的时间线，即纵线。教师在确定学习目标前需要先问三个问题：第一，关于这个知识或能力，学生已经掌握了什么？第二，学生将来要掌握什么？第三，学生现在需要掌握什么？一句话，教师应根据学生的"已经"和"将来"来定位"当下"。

这个"已经"和"将来"，应该从学生的角度考察，包括学生从小学、初中到高中的学习过程。现实中，小学、初中、高中等学段之间老死不相往来，都各自做自己认为正确的事情，岂不知对学生来说却可能是灾难。如果把眼光只局限在自己所教的学段内，目标的定位就容易出现重复、断层或超前。比如，学生在小学期间读过的名著，如果初中再读，教师就不能是零起点的设计；学生在小学已经学过的"说明方法"，教师在初中教学时就不应再作为学习重点；教师在高中时教读小说，就先要看看学生在初中已经掌握了哪些阅读的经验。

以初中语文小说单元为例。小说单元在初中教材出现不止一次，每次的学习目标就应该各有侧重，比如情节、人物、环境和细节等。这样的目标设计，既相对独立，又前后勾连，共同组成完整的学习链条。如果看到小说，就讲"情节、人物、环境"，不管学生的"已经"和"将来"，表面上学生学了很多东西，其实学习质量反而没保证。

再进行纬线定位。纬线就是学生在一个特定阶段或学习单元内并行的学习内容，即横线。同一学习单元内的一组学习资源，应该是一个前呼后应的团队，而不是各自独立的个体。

以初中语文"至爱亲情"单元为例。学习本单元教师应围绕"表情达意"这一核心目标，让不同的文本承担目标的不同侧面。先分析《背影》中的具体承载物、《风筝》中的矛盾冲突、《慈母情深》中的细节描写，再设计以"用具体承载物或矛盾冲突表达亲情"为目标的写作训练等。这样既避免了训练重复或缺漏，又尊重了文本的个性和价值。

经线定位法和纬线定位法两者比较，经线定位法对教师的要求更高一些。在实际的教学中，与经纬定位法背道而驰的做法是，教师从自己的主观经验出发想当然地猜测目标，或者懒得去定位目标，认为反正学生学了就比不学好。

一次，在听完高二英语学科的"新闻阅读与写作"单元教学分享课后，一位老师问我："初中学过新闻吗？"

"那是在语文课上学的呀。"这一问，我意识到了哪儿有问题，只能勉强解释。

"那都是学生学的呀！"

是啊，学生在初二语文课上学过了"新闻阅读与写作"，到了高二还要从零开始学习，即便学过了也要当作没学过。可学生哪管什么学科，反正他学过了就是事实。既然学生在初中已经学过了，高二时教师就不应该再把新闻的文体作为教学目标，而应该重新确定一个更上位的目标来学习。

这位老师真是太厉害了，竟然发现了高中英语课程标准的一个问题。

这带给我们极大的启发。经线定位要超越学段：从高中到初中到小学，一以贯之；纬线定位要超越单元，甚至超越学科，学科之间也要有贯通的视野和能力。目标定位，不能是学科本位，而应该是学生本位。

核心问题

宏观的学科素养和课程标准，与微观的学习单元和文本资源，其间需要一个中观的桥梁或媒介，否则教师确定学习目标时往往会迷失在具体文本里，纠结在目标的表述层面，甚至因此忽视单元的核心价值。

教师要以核心素养和课程标准为依据，提出学习单元的核心问题，然后再紧紧围绕核心问题，制订学习目标。上有课标，下有文本，先提取核心问题，再分解核心问题，是确定单元学习目标的基本路径。

什么是"核心问题"呢？我们可以用几个相近的词语表述。比如，单元学习的"关键"——解决了这个问题，其他问题迎刃而解；单元的"个性"——就是单元的与众不同之处，或者说存在的理由；单元的"灵魂"——如果一个学习单元可以用一篇文章来比喻，核心问题就是文章的中心思想。

核心问题往往有以下几个特征。

① 以学生为本位。核心问题落脚在学生的最近发展区，是学生当前学习所需要的。

② 统帅全局。它是学习单元的灵魂，要能统领学习单元的全部学习资源。

③ 学科属性。每个学科都有自己的学科属性，核心问题要有鲜明的学科属性。比如，语文的本质属性就是"工具性与人文性的统一"。语文课可以表达爱，但它不是思想品德课；语文课可以表达观点，但它不是哲学课。

④ 可以迁移。核心问题脱离了这个学习单元的语境，依然富有活力和价值。它既可以向同类主题的其他学习单元迁移，也可以向学生的生活迁移。

至于核心问题应该是一个疑问句、陈述句，还是一个关键词、短语，那都不是核心问题的"核心问题"。

比如，初中语文"至爱亲情"单元，这是主题单元，非能力点单元。首先可以确定的是，这个单元的核心问题绝不是"至爱亲情"。父母之爱，手足情深，是文本的言语内容，而非言语形式，而语文要研究和解决的是"作者是怎样表达父母之爱和手足情深的"：为什么同是《背影》，朱自清和三毛写的就不同？爱子之心不是什么新颖的主题，为什么《父母的心》写得那么动人？

弗拉基米尔·纳博科夫说，伟大的思想不过是空洞的废话，风格和结构才是作品的精华。

语文的学习内容，主要是言语形式而非言语内容。所以，这个单元的核心问题，如果用一个短语表达，那就是"表情达意"；如果用一个句子表达，那就是"如何用一个具体的承载物来表达抽象的感情"。

按照这个思路，我们把初中语文教材第一个小说单元的核心问题确定为"小说家是如何讲故事的"；第二个小说单元的核心问题确定为"如何通过梳理人物之间的关系读懂人物和主题"。

我们把初中语文教材三个诗歌单元的核心问题依次确定为：抒情方式（通过赏析直接抒情和间接抒情的句子理解诗歌）、知人论诗（通过了解诗歌的创作背景和诗人的写作风格理解诗歌）、题材辨诗（通过辨识诗歌的常见题材和类型理解诗歌）。

我们把初中三个散文单元的核心问题确定为：景与情、物与情、人与情。这些核心问题既有散文单元的共性，又有写景散文、咏物散文、写人散文的个性。

当有了"提出核心问题"这个中观设计之后，学习目标的确定就不但水到渠成，而且化繁为简，切中肯綮，让"教材只是例子"成为可能，既能避免陷在"以文本为中心"的细枝末节中，也能避免"覆盖教材"的教学设计。

少就是多

对一个学习单元的学习目标，究竟确定多少最合适，谁也给不出具体答案，但我们可以给出一个原则，那就是宜少不宜多——因为少有时候就是多，甚至比多还多。

学习目标少，才有可能在有限的课堂学习时间里，围绕目标做更多的开掘和延伸，做更生动、更合理的反复练习，从而实现真正的深度学习。

很多人去美国考察过课堂，大家对美国课堂的一个共同感受就是，课堂的容量小。教师总是围绕一个"很简单的问题"多次反复，这样活动、那样活动，其实落实的都是一个事情。过去，我对这样的课堂也感觉费解，甚至觉得浪费时间；现在，我觉得事情远没有那么简单，因为一个新的知识进入人的知识系统，真的不是一件容易的事情。

相反，我们的课堂容量很大，整节课师生都在争分夺秒，快、快、快，赶、赶、赶。课堂省去了读书的时间和过程，讨论如蜻蜓点水，下课铃响起，老师还在口若悬河地讲……这样的课，要么是老师心里没有学习目标，要么就是学习目标设置得太多。

教学目标太多，学习浮光掠影，表面上"教了"很多内容，其实学生真正学到的东西、进入学生经验系统的知识不见得同样多。

学无止境，那是治学的态度；学有止境，才是教学设计的追求。

教过，不等于学过；学过，不等于学会。由教到学，由听懂到学会，由学会到做对，学习每一个新知识，都是大脑的历险，没有充分的研磨和实践是不可能掌握的。

比如，一篇文言文，从头到尾，一个词一个词地去讲解和落实，这是一种教法，但是我们从来不这样干。我们曾这样确定一个文言文单元的核心问题：结合语境学习文言文。具体地说，就是掌握三种常见的推断文言词语意思的方法。表面看，我们只带领学生学习了八个词语，但因为深挖细掘，教学生从"为什么"入手，结果学生不但记住了这八个词语的意思，还可以举一反三，把这种方法迁移到阅读其他文言文中去。

再举两例。《济南的冬天》是一篇写景散文，可以把"如何概括景物的特征"确定为学习目标；《苏州园林》是一篇说明文，可以把"如何概括说明对象的特征"确定为学习目标，但是千万不要奢望学生能对两个问题的答案脱口而出。学生只要是真实的阅读，答案并非第一次阅读后就能得出，也不是第一次思考或讨论后就能得出的。如果教师有足够的耐心，学生就能为"济南冬天的特征"提供不少于10个答案，有的答案甚至会让你大跌眼镜。如果教师在此时蜻蜓点水，急着赶往下一个驿站，就等于掩盖了学生学习的真实，本质上就等于没有帮助学生掌握提炼景物特征的方法，也就是没有达到学习目标。对"苏州园林的特征"这一问题，学生的认识往往也是一波三折的。

阅读下面的课堂实录片段，大家对"少就是多"或许会有更深的体会。

别让学生的思维缺席

在进行《苏州园林》第1课时的教学时，我带领学生讨论苏州园林的总特征。

一个学生说，第二段"务必使游览者无论站在哪个点上，眼前总是一幅（读成了fù）完美的图画"体现了苏州园林的总特征。

在辨析了量词"幅"和"副"的不同用法后，我并不急于引导学生对这个答案做出判断，而是问："其他同学有没有不同的意见？"我有意强调了"不同"二字。

教室里一片沉默，我也不说话，依然平静地等待下一个答案。多年的教学经验和课堂观察经验告诉我，学生对这个事关全文问题的把握不可能这么顺利——若顺利，它背后有可能更多是学生思维过程的缺失和真实思维状态的遮蔽。

教学节奏在这样的节点上必须缓一缓，停一停，理一理结论的来龙去脉，也是为了等一等那些走了岔道、掉了队的"散兵游勇"。只有把学生思维的过程捋顺了，学生真真切切地搞明白了"为什么必须是这个答案"，那么这个答案才有价值。否则，记住一个苏州园林总特征的结论有什么语文的意义呢？

逐渐开始有学生发言，出现了以下四个答案。

生1：第一段："倘若要我说说总的印象，我觉得苏州园林是我国各地园林的标本。"

生2：第二段："一切都要为构成完美的图画而存在，决不容许有欠美伤美的败笔。"

生3：第二段："游览者来到园里，没有一个不心里想着口头说着'如在画图中'的。"

生4：移步换景。

如果仔细研究一下这四个答案，它们绝不是空穴来风的：答案1中的关键词是"总的印象"，答案2、3中的关键词分别是"图画"和"画图"，答案4中的关键词是"换景"，它们都在暗示同时也在迷惑学生的思维。这就是学生的真实学情，思维状态的真实展现。学生学习语文的起点，也必然要成为语文教学的逻辑起点。如果我们不在学生的思维过程上下功夫，对学生千差万别的学习起点总是视而不见，又怎么能说我们的教学是有效的呢？

但是，让学生呈现思维的真实只是第一步。拨乱反正才是我们最终想要的。

我说："一个问题出现了五个答案，可是正确答案只有一个。它会是哪一个呢？下面请同学们朗读课文前两段，比较这五个答案，然后重新做出自己的选择，最好还能说服别人。"

有比较才有鉴别，有鉴别才能深入。不管是坚守自己的选择，还是自我否定、改变观点，抑或是组织语言说服别人，指向的都不是单纯的结论，而是产生结论和结论背后的思维过程。

生1：我觉得第一段"倘若要我说说总的印象，我觉得苏州园林是我国各地园林的标本"这个答案不对。因为它只是作者对苏州园林的评价，不

11

是说明苏州园林本身的特征。

生2："移步换景"这个答案也不对。移步换景是指随着作者观察点的变化景物也随之发生变化，这篇文章并没有写出作者观察点的变化。

生3：其实，这篇文章根本没写到作者的观察点。因为作者写的并不是一座座具体的园林，而是概括了苏州所有园林的特点，所以就谈不上"移步"。

师：这篇文章的原标题是"拙政诸园寄深眷——谈苏州园林"，作者概括了拙政园等"诸园"的共性，而不是像游览一样"移步换景"。

生4：移步换景是文章可能采用的写法，而不是说明对象的特征。

生5：我还是赞成第二段"务必使游览者无论站在哪个点上，眼前总是一幅完美的图画"这个答案。这句话的前面这样说，"苏州各个园林在不同之中有个共同点"，而且"一致追求的是"后面的冒号也是证据。

师：冒号说明了什么？

生5：说明了下面的句子是对"一致追求"的解释。

生6：我再补充一点。再看这句话的后面，"为了达到这个目的"，"这个目的"指的就是前面这句总特征。再后面"他们讲究……讲究……"就是说明为了实现总特征而采取的具体做法了。

生7：所以第二段"一切都要为构成完美的图画而存在，决不容许有欠美伤美的败笔"这个答案也不对。这个句子前面有个"总之"，也就是说，这是对前面列举具体做法的总结，而不是总特征。

生8：我觉得第二段"游览者来到园里，没有一个不心里想着口头说着'如在画图中'的"，只是为了证明园林的设计实现了设计者和匠师们的想法。

师：你的意思是说，这句话只是为了证明某个意思而举的一个——

生8：例子。

课堂讨论至此，答案愈来愈明朗，指向也很集中，讨论也相当充分。如果再把思维推进一步的话，那就是反思一下错误答案产生的原因，从而提炼遇到类似问题如何回答的规律。这时一个学生问道："老师，第二段的这三个答案里，不都有两个字'图''画'吗？"

师：你的意思是不是说，既然都有"图""画"二字，那么这三个句子都可以作为苏州园林总特征的表述，是吗？那么，你再看看其他段落里还有这样的句子吗？（该生表示还有很多）

师：为什么会有这么多类似的表述呢？

生：因为图画美是苏州园林的总特征，全文都是围绕它展开的。

师：是的。但是这不代表这些句子在文中都有同样的作用。为了使文章更有说服力，作者往往会从多方面反复阐释。

"语文是个需要动脑筋的学科。你们要用高阶的思维学语文！"我曾经这样反复告诫学生，也反复告诫自己。语文需要记忆，但记忆不是语文的全部；语文需要积累，但仅仅积累学不好语文。语文需要思考，需要创造，需要想象，需要甄别，有时也需要推理，需要论证，需要说服。语文活动是一种生命活动，没有精神的历险，就无法产生生命的高峰体验。

思维永远是课堂的核心，语文课堂也不例外——不管教师有什么样的教学主张，也不管教师有什么样的教学流程和活动设计，如果学生的思维缺席了，一切就都是徒劳。

最后，我们回到《苏州园林》那节课上，想象一下学生在不同教师不同处理方式下的思维状态。

生：苏州园林的总特征是，第二段"务必使游览者无论站在哪个点上，眼前总是一幅完美的图画"。

师1：嗯。真好！（板书后直接进入下一环节）

师2：（带着满意的笑容）其他同学还有补充吗？

生：（懂事地）没有。

少与多是相对的，不是绝对的；是动态的，不是静态的。我们更关注的是学生的学习品质和学习效果。学习目标少了，如果教师的设计跟不上，那学习效果和质量也"多"不到哪儿去。

怎样落实学习目标

学习目标的落实,既指学生个体学习目标落实的深度,也指学生整体参与学习活动的广度,还指个体和整体参与学习活动的长度。

深度是指对一个学生来说,学到什么程度,真正学会了没有,是深度学习还是浅层参与。

广度是指对班级整体来说,到底有多少学生参与了、学会了,是全员参与还是部分参与。

长度是指不管是对个体还是整体来说,参与的时间有多长,是全程参与还是阶段参与。

在学生深度参与、全员参与和全程参与时,学习目标落实得最好、最到位。

两个特征

学习目标落实到位的学习环节,大都有两个特征:非常生动和特别扎实。前者指的是活动的形式和结构,后者指的是活动的内容和目标,二者缺一不可。

一个学习环节要做到"非常生动",往往需具备三个要素:新奇、有挑战性和情境化。新奇,指的是活动的形式能给学生陌生感、悬念感,从而吸引他们跃跃欲试;有挑战性,指的是活动的难度就在学生的最近发展区,难度过大或过小的活动对学生都不具挑战性;情境化,指的是活动的设计要连接学生的真实生活,学习和生活的界限越小,学生学习的热情就越高。

三个要素，一个有关形式，一个有关难度，一个有关内容。

学习环节仅仅做到"非常生动"是不够的，还要做到"特别扎实"，这往往也需涉及三个要素：目标、反复和思维。目标，指的是活动要有鲜明的功利指向，不能为活动而活动；反复，指的是活动的结构具有可重复性，因为学习不是一次完成的；思维，是课堂的核心，是贯穿学习始终的落脚点，思维品质的培养是一条漫漫长路。

为了具体说明，请看下面两个案例。

第一个案例是一节语文知识课，教学内容是"短语"。学习目标只有一个，那就是能够辨识短语的五种类型。为了实现这个目标，我设计了五个活动：微型讲座、短语安家、慧眼识敌、寻找朋友、出站检票。

下课前，我请学生任意写一个短语，然后按照屏幕显示的指令下课。我在屏幕上出示的指令依次为：写偏正短语的下课啦！写后补短语的下课喽！写主谓短语的下课呀！写动宾短语的下课哦！

每出现一次指令，就有一部分学生拿着写好短语的纸条请我鉴定，符合条件的就真的可以下课了。最后留下的学生不外乎两种情况：写的是并列短语，或者因为自己判断错了所写的短语类型，错过了下课的时机。这时我问他们："你们期望下面出现什么？"

"并列短语！"他们齐声说。

在他们的期待中，屏幕上出现的指令却是：

"哈哈，谁改成主谓短语谁下课！"

他们都忙不迭地修改自己写的短语类型。

为什么不出现"并列短语下课"呢？因为并列短语相对容易，学生普遍掌握较好；而主谓短语恰恰相反，很多学生一遇到它就犯迷糊。

学生下课离开教室，就像旅客从火车站出站需要检票一样，所以这个活动有一个有趣的名字：出站检票。

五个学习活动，尤其是"出站检票"，不但出乎学生所料，给人"新奇"感，而且和下课的真实"情境"结合起来；由简到繁，由易到难，沿着学习的台阶拾级而上，活动内容始终在学生的最近发展区，充满挑战性。

五个学习活动都紧紧围绕一个目标——短语的结构，在同一难度和层面上进行横向展开，进行了五次"反复"。每次反复都不是知识的复现，而是知识的反复运用和实践，是用知识做出判断，解决问题，这就保证了思维的落脚点。

第二个案例是一个课堂学习片段。它是著名特级教师于永正执教的小学二年级诗歌《草》。请看下课前15分钟的课堂学习片段。

师：小朋友，放学回家，谁愿意背给妈妈听？（生纷纷举手，师请一名小朋友到讲台前）现在，我当你妈妈，你背给我听听好吗？想想，到了家里该怎么说。

生：妈妈，我今天学了一首古诗，背给你听听好吗？

师：好。（生背）

师：我的女儿真能，老师刚教完就会背了。（众笑）

师：谁愿意回家背给哥哥听？（指一生到前边来）现在我当你哥哥，你该怎么说？

生：哥哥，今天我学了一首古诗，我背给你听听好吗？

师：哪一首？

生：《草》。

师：噢。这首诗我也学过，它是唐朝大诗人李白写的。

生：哥哥，你记错了，是白居易写的！

师：反正都有个"白"字。（众笑）我先背给你听听："离离原上草……"哎，最后一句是什么来着？

生：春风吹又生！

师：还是弟弟记性好！（众笑）谁愿意背给奶奶听？（指一生到前边来）现在，我当你奶奶。你奶奶没有文化，耳朵有点儿聋，请你注意。

生：奶奶，我背首古诗给您听好吗？

师：好。背什么古诗？

生：背《草》。

师：那么多的花不写，干吗写草啊？

生：（一愣）嗯，因为……因为草很顽强，野火把它的叶子烧光了，可第二年它又长出了新芽。

师：哦，我明白了。背吧！（生背）

师："离离原上草"是什么意思？我怎么听不懂？

生：这句诗是说，草原上的草长得很茂盛。

师：还有什么"一岁一窟窿"？（众笑）

生：是"一岁一枯荣"。枯，就是干枯；荣，就是茂盛。春天和夏天，草长得很茂盛；到了冬天，就干枯了。

师：后面两句我听懂了。你看俺孙女多有能耐！小小年纪就会背古诗！奶奶像你这么大的时候，哪有钱上学呀？（众大笑）

这个活动，可谓情趣盎然：有人物 —— 妈妈、哥哥、奶奶，女儿、弟弟、孙女，学生对这些身份很熟悉且年龄有跨度；有情节 —— 开端、发展、高潮，三个层次，由易到难，由简到繁，循序渐进，内容丰富。三次背诵，三种形式，有问有答，有波折，有幽默，有表扬，宛如一出三场的小话剧。从课堂安排的时间上说，下课前的十五分钟，是知识巩固反馈阶段，糅合了对学生背诵诗歌、理解诗意的评估。不仅如此，深谙此道的于老师还巧妙地融合了对作者、字音的考查，而这一切又都是放在一个口语交际活动中实现的。

这两个案例总体上都给人以"非常生动，特别扎实"的感受。

四个策略

教学是科学，也是艺术。即使看上去没有痕迹的教学，背后也都有教师精心的设计，都有教学策略、学习工具和脚手架的支撑。

下面是目标落实的四个策略：书写、比较、暴露和质疑。

书　写

为什么写？人获取知识有一个完整的过程：知识的输入、知识的存储、知识的处理和知识的输出。我们可以通过对知识输出能力的强化，来提高一个人的知识吸收、转化率。

那么，怎样强化一个人的知识输出能力呢？从发现问题的认知能力开始，到言语能力，再到书面表达能力，最后到行动能力，能力逐层提高，对人的要求也逐层提高。言语能力高于认知能力，书面表达能力高于言语能力。所以，对一个人知识输出能力的强化，自然是"说"优于"想"，"写"又优于"说"。

我们可以这样说，书写是合成和处理观点的极佳工具，是对思考的梳理和提升；书写对思考深度的要求比口头表达高，为口头表达提供高质量的思考；书写放缓了课堂节奏，让所有学生的理解变得可见。

想出来不如说出来，说出来不如写出来，写出来不如干出来。

何时写？比如，我们的课堂流程经常是"提问—思考—讨论"，这样做似乎天经地义，其实不然。因为学生的"讨论"经常是在教师"提问"后很快进行的，这种没有经过深入思考、建立在思维"草稿"基础上的讨论，很难产生深度学习的效果。但如果在"思考"之后、"讨论"之前，增加一个"书写"环节，就有可能使学生的思考走向深入，从而出现高质量的思维碰撞。

同理，"阅读—讨论—动笔"，可以优化调整为"阅读—动笔—讨论"。

书写可以出现在课堂教学的任何一个环节：课始——用于回顾旧知

识，课中——用于深入讨论之前，课终——用于评估和反馈。

比如，下课前，教师让学生笔答一小串问题来回顾这节课的重点，让学生把名字写在便签正面，答案写在背面；走出教室时，学生把便签贴在门上。也可以让学生写出课堂学习小结，比如，写出当天学习的三个关键词，写出一个足以概括所学内容的大标题，写出对第二天将要学习内容的预测。

这样我们就能清楚自己的教学效果到底好不好，而不再是自以为教得有多好。

怎样写？

一位美国学者把书写分为三类：随笔记录（快速书写，类似头脑风暴，放慢思维，使思维过程可见）、可读性写作（有明确的写作目的，有既定读者）和精修写作（多次修改以臻完美）。

我们也可以这样分类：写词语、写句子、写句群、写段落、写文章和抄原文等。有时摘抄也可以设计成一种"原文再现"的艺术。比如，阅读诗集《给孩子的诗》时，我们给学生设计了一个摘抄任务：每首诗精选两行，抄写在非语文课本、练习册的页眉或页脚上，并注明作者和出处。有的学生将诗歌写在了英语课本的页眉上、数学课本的页脚上，整个学习过程既新鲜又充满乐趣。

写句子。教师可以让学生写一个精致的句子来表述复杂的观点，用来训练他们用一句话高度概括观点。

可以限定句子开头。比如：

随着时间的推移……

这幅表现……的曲线图……

长远来看……

我认为……

我学习了……

我感到……

我好奇……

我疑惑……

之前，我认为……现在，我认为……

语文阅读课《喂，出来》：我来问责_____，从_____可以看出他（们）是_____的人，依此我这样设计其内心独白：_____。（此案例由北京市十一学校高凌丽老师提供）

在整本书阅读《草房子》时，设计句子接龙：请用"因为……所以……"的句式梳理有关《秃鹤》的故事情节，感受严丝合缝的故事讲述技巧。（此案例由北京市十一学校陈纹珊老师提供）

限定句子参数。比如上语文阅读课《在莫泊桑葬礼上的演说》时，安排连词成句：先听写词语，再以"莫泊桑"为话题，巧妙整合课文中的语句，把听写的五个词连在一起说一段话，顺序可以打乱。

有的学生写道："年轻时的莫泊桑血气方刚，充满朝气，却不承想英年早逝。他的小说富有征服人心的活力，是未来世纪完美的典范、交口相传的寓言或故事，比起那些卷帙浩繁的产品，真可谓炉火纯青，无懈可击。朋友们，让我们在他小说的清泉中开怀畅饮吧！"

还可以安排学生撰写墓志：以这篇演说词为依据，可以整合课文中的语句，要求内容上既介绍"其人"，又介绍"其文"；既饱含热烈的情感，又有深刻的哲理。

有的学生写道："他为我们打开了一扇令人顿觉醒豁的生活窗口，他给我们留下了无懈可击的完美典范。""清澈的美的源泉，牢靠的坚实的光荣。"

写段落。教师往往要提供脚手架。比如，教学《乡愁》时，教师可以做这样的活动设计：乡愁故事会。要求抓住每个小节中的关键词语，发挥联想与想象，完成一篇不少于100字的乡愁故事，并拟一个小标题。

有的学生写道:"深秋的傍晚,村口,小路向远方延伸……一位少年,目光坚定,背着一个大包,步履匆匆。一位母亲,满脸伤感,提着一个行李箱,吃力地跟着。到了分别的路口,少年停了下来,母亲也缓缓地放下箱子。母亲盯着少年的脸,悠悠地说:'别忘了来信。'少年用力点点头,提起箱子转身走向前方。母亲伫望,目光深情而又专注……"(此案例由北京市十一学校陈纹珊老师提供)

精修写作。一位数学老师经常"和学生一起写数学作文"。他说:"所谓数学作文,就是指将自己解决难题的心路历程完完整整地用文字忠实地呈现出来。"

我们可以这样说,在一定程度上,写的奥秘,就是思维的奥秘。

比　较

如果对一次完整的比较活动进行解构,大致流程如下。

① 确定比较点
② 选择比较方式
③ 罗列比较对象
④ 分析比较对象
⑤ 得出比较结论

举个例子。学习孙犁的小说《荷花淀》时,为了品析水生嫂这一人物形象,一位教师引导学生进行比较赏析:

原句:(水生嫂对水生说)你走,我不拦你。家里怎么办?
改句:你走,我不拦你,家里怎么办?

师生经过讨论得出:如果"我不拦你"后面为句号,表明水生嫂支持丈夫参军是真的，但家里的困难也是客观存在的，水生嫂对丈夫的依赖以及女人的柔弱都体现在一句"家里怎么办"里了。这就是孙犁笔下的有血有肉的人物形象。如果写成"你走，我不拦你。家里的一切你别管了"，这就不是孙犁笔下的人物了。句中"我不拦你"后面如果是逗号呢？这表明水生嫂支持丈夫参军是假的，因为紧接着一句"家里怎么办"有"你看着办"的意思。这明明是在拖后腿嘛！

两个标点的区别，其实是两种人格的区别。

再举个例子。学习林海音的《爸爸的花儿落了》时，为了体味英子的成长，我们让学生赏析文中体现英子成长的句子。下面是课堂的教学片段。

生：老高，我知道是什么事了，我就去医院。我从来没有过这样的镇定，这样的安静。"镇定""安静"，说明英子长大了。

师：镇定、安静，该读出什么样的语气？请你再读一遍。（生读文）

师：请你在老师的提示下朗读。我从来没有过这样的急躁，这样的慌乱。读——

生：老高，我知道是什么事了，我就去医院！

师：我从来没有过这样的悲伤，这样的无助。读——

生：老高，我知道是什么事了，我就去医院……

师：我从来没有过这样的矛盾，这样的犹豫。读——

生：老高，我知道是什么事了，我就去医院？

师：我从来没有过这样的镇定，这样的安静。读——

生：老高，我知道是什么事了，我就去医院。

师：不是焦急的叹号，不是无助的省略号，不是矛盾的问号，而是镇定、安静的句号。一起读——（生齐读）

这个案例给人的启示就是，在文本关键处切不可轻易滑过，要停下来重锤敲打，慢研细磨。这次的比较活动就是教师多次修改文本，引导学生在朗读中感受、比较，最后再回到文本中进行沉淀、强化。

从文本中出去，转一圈儿，最后再回到文本中，这是一个完整的比较结构。有的老师喜欢从文本中出去，但一出去就不回来了，那样比较的力量和对原文的感受就减弱了。

再举一个例子。在古代诗歌的群文阅读教学时，我发现每首诗里都写到了"发"这个意象。于是，一个比较的思路就产生了：在不同诗人的笔下，"发"有什么相同和不同之处？

李　　白：人生在世不称意，明朝散发弄扁舟。
杜　　甫：白头搔更短，浑欲不胜簪。
苏　　轼：鬓微霜，又何妨？／尘满面，鬓如霜。
辛弃疾：可怜白发生！

为什么要做这样的比较呢？因为我发现"发"这个意象恰恰承载了诗人的情感，甚至体现了诗人的写作风格。在诗仙李白的笔下，是"散发"，然后去"弄扁舟"，何其洒脱、豪迈，又满怀失意的愤懑。和浪漫主义的李白不同，现实主义的杜甫，头发是"搔更短"，为什么？忧心如焚，忧国忧民哪！苏轼呢？两首词，一首是"微霜"，这几根白头发算什么？整个没当回事儿嘛。另一首却是"如霜"，字里行间又满含慨叹、伤感和委屈。为什么呢？表白的对象不同，前面是国家，后面是亡妻。所以，这是一个情感丰富的苏轼，一个可敬可爱的苏轼。记得余光中说过，如果选择一个人一起去旅行，他不选李白，因为他不负责任；也不选杜甫，因为他总是苦哈哈的；他要选苏轼，因为苏轼比较有趣。最后，壮志难酬的辛弃疾呢？终生志不得伸，到老了，当然无限慨叹了！想不到，一次比较，能挖掘出这么多东西。

比较，能避免思维的平面滑行；比较，能使学生思维走向深入。

暴　露

学习的过程，在一定程度上就是学生试错的过程。课堂就是学生犯错的地方。如果我们不允许学生犯错，不给学生犯错的机会，不给学生暴露错误的机会，课堂上就不会发生真实的学习。在一定程度上，学生暴露的错误，才应该是教师教学的内容，否则，教师岂不也成了"好治不病以为功"吗？

因此，我们说，应警惕学生完美无缺的答案，警惕顺风顺水的课堂。只有学生充分地、安全地暴露错误，才能避免"假学习"。

充分和安全，是暴露错误的两个原则。充分，就是教师鼓励学生知无不言，言无不尽，把怎么做的、怎么想的，都尽量展示出来；安全，就是课堂给学生的心理感受，学生没有顾虑，更不会因为暴露了错误而遭到教师或同学的白眼。

那么，我们用什么样的方法才能让学生充分地、安全地暴露呢？

这里有三个关键要素。

第一，等待。提出问题后，教师要给学生留足充分思考的时间，有充分的耐心让学生发言。但课堂里的很多情况是，教师在问完问题后马上就组织学生讨论，只因为有一位学生举了手。教师没有去想，这个举手的学生是否经过了深入思考，其他学生的思考状况又是怎样的。结果就把这一个学生的思维"草稿"作为讨论起点，干扰、遮蔽了其他学生的思考。

等待还有一个含义就是，教师要做到不动声色地让学生畅所欲言，不急于对学生的答案进行正误判断。否则，一旦从教师的表情和言语中哪怕得到一点儿暗示，学生就不会再暴露他的想法和错误了。

可以这样说，教师提出问题后以及课堂讨论中的"等待"，是非常可贵的。因为在等待的时间里，学生的动作就是思考，思考，再思考。我们需要的思维深刻性、广阔性、周密性和创造性，都在"等待 — 思考"里面了。

第二，重启。学生充分暴露错误之后怎么办？那就需要在脱靶的地方再射一箭，要求学生重新思考这个问题。

重启，意味着对自己思考的反思。比如，我们可以这样说："刚才同学们对这个问题充分发表了意见。到底哪一种意见是正确的呢？请你重新做出选择，允许改变观点。"有时，我们会要求学生回到文本中，通过朗读和品味，重启对这个问题的认识："请同学们再读一读课文的第某某段，重新做出选择。"有时，我们会鼓励合作学习，让学生在小组内讨论，让他们充分听取别人的意见。

第三，反思。在问题解决后，教师要引导学生梳理结论产生的过程，总结、思考解决这个问题的经验或教训。比如，我们可以这样说："让我们一起回顾这个结论产生的过程——""在刚才的讨论中，你的经验或教训是什么？"

这样的反思，就是修正学生的元认知。

我们通过宁鸿彬老师的课例来学习"暴露"这种策略的完整操作过程。

《皇帝的新装》教学片段

师：谁能用一个字概括这篇童话的故事情节？或者说这个故事是围绕哪一个字展开的？给大家一分钟准备时间。

生1：我认为用"蠢"字来概括。因为皇帝和那些大臣的言谈举止都特别蠢。

接着又有七名学生分别用"骗""伪""假""傻""装""新""心"来概括，并分别陈述理由。教师这里用的就是"等待"的策略，以便让学生的思维得以充分暴露。教师不动声色，提出一个问题得到了八个答案。这是教学得以进行、学习得以发生的前提。

师：大家发表了不同的见解。你们分别用"蠢、骗、伪、假、傻、装、新、心"八个字概括了这篇课文。那么，这八个字哪个是正确的呢？……下面我就教给你们几种办法。

师：首先，大家使用"排除法"，把不切题的答案排除掉。我们先回忆一下，刚才我是怎么提出问题的。我说的是：谁能用一个字概括这篇童话

的故事情节？（"故事情节"四字语气加重）

学生恍然大悟，一下子排除掉"蠢""伪""假""傻"四个字。

师：现在还剩下"骗""装""新""心"四个字，咱们使用"检验法"进一步解决。什么是"检验法"呢？就是把这四个字，一个一个地试用，进行检验，能够适合于文中所有人物的就留下，不能适合于文中所有人物的就去掉。

学生通过检验，又排除了"新""装"两个字。

师：咱们使用"比较法"来做最后的筛选。怎样比较呢？就是用这两个字分别概括每个人物，比比看，看哪个字更准确？哪个字更能表现出这个故事的特点？

经过比较，大家形成共识，感觉"骗"字最恰当。这个阶段，宁老师用了重启的策略。尤其让人佩服的是，他不但让学生重新思考了这个问题，还为学生提供了排除法、检验法和比较法三种思考方法和工具。"不愤不启，不悱不发"，这样的教，体现了宁老师"讲规律，教方法，传习惯"的"思维派"教学风格。

师：请大家回忆一下，开始你们提出了八个字，我们为什么能够在这样短的时间里就统一了认识呢？这是因为我们采用了恰当的筛选方法，这就是排除法、检验法和比较法。希望大家记住这三种方法，并在今后注意学习运用。

这是在强化三种思考方法，是引导学生对问题解决过程的反思。

质　疑

以提问、质疑为主线的课堂，把学生学习的实际需要放在第一位，以解决学生的问题为课堂教学的内容，先学后教，以学定教，学生思维活跃，参与积极性高。

质疑策略的操作要点有四个。

第一，指向。学生质疑应该有鲜明的指向，应该主要围绕学习目标进行。

第二，方法。或者说是工具、脚手架。教师既要相信学生提问的能力，又要教给学生具体的方法。

第三，筛选。不是学生提出的所有问题都要讨论，教师要根据学习目标进行选择。

第四，排序。解决问题的顺序不一定就是学生提出问题的顺序，要视文本的内容、理解的逻辑和学习的需要而定。

下面用一个课例说明。

《我的叔叔于勒》是传统名篇，过去设计这一课时，我们往往在人物形象和主题解读上下很大的功夫。其实，这一脍炙人口的佳作，最吸引人的应该是不着痕迹的情节安排——伏笔和悬念的写法，把读者不知不觉地带到故事的高潮。抓住了这些东西，其实就抓住了"怎样写的"而不是"写了什么"这一根本性的问题。学习目标确定了，下面就是围绕目标进行"以问题为主线"的教学设计了。

第一步：教师提出两个话题。

话题一：小说为什么从"我们"一家生活拮据，但每个星期日都要到海边散步写起？

话题二：不写二姐的婚事行不行？

话题讨论之后，教师引导学生思考提炼提问的方式："为什么""不写……行不行"。

为什么教师要先提出两个话题呢？这叫"示范引路"，一是给学生提供了两个提问的工具，二是暗示了学生提问的指向——小说伏笔和悬念的写法。

第二步：教师提出话题三：你能对小说的写法提出两个问题吗？

教学实践证明，过去教师设计的所有问题，学生大多能提出来，而且学习的积极性很高。

第三步：组内分享讨论，推选出两个最有价值的问题。

为什么要组内分享讨论呢？因为如果要让每个学生逐个提出问题，教师该怎么应对大密度的提问呢？而且问题的质量也会有问题。组内讨论，可以先解决一部分难度较低的问题，能使全班讨论的问题在数量和质量上得到保证。

第四步：小组板书问题，教师从中筛选有价值的问题。

或者先让小组口述，然后教师决定让小组板书哪个问题。一般情况下，一节课能讨论的问题总量在六个左右。

以下问题就是一次课上提问的记录：

为什么两次写到"唉！如果于勒竟在这只船上，那会叫人多么惊喜呀！"？

为什么写到于勒的两封信？

不写去哲尔赛岛游玩行不行？

不写父亲请吃牡蛎行不行？

父亲认出于勒后，为什么写他找船长打探的情节？

为什么写到若瑟夫给于勒小费的事情？

第五步：对问题按照行文顺序排序，并组织全班讨论。

有的老师让学生把问题写在纸条上，然后贴在黑板上。这样排序的环节就变得很方便、很自然。

质疑能力是一种高层次的阅读能力，但它不是高水平学生的专利，一般水平的学生也能提出问题，因为阅读必会产生问题。有的老师总是担心学生没有问题，或是提不出高质量的问题。事实上，我们一旦放手，稍加指导，学生就可以提出问题——问题质量慢慢来，首先有真问题就好。

一次阅读名著《老人与海》时，一个语文成绩并不好的学生提出："为什么经常见到西班牙文单词?"

一开始,我带有偏见地不认为这是个问题,但很快就醒悟过来:"是啊,一个美国作家,为什么在小说中总是使用西班牙文单词呢?"后来查找资料才知道,海明威曾参加第一次世界大战,后担任驻欧洲记者,并以记者身份参加了第二次世界大战和西班牙内战。海明威把很多小说的背景设定在西班牙,西班牙成了海明威寄托梦想、实现自我的地方。

乍一看没价值的问题,背后却埋藏着一个作家的创作风格。你说这个问题有没有价值?

另外,这里还有个怎么使用学生提出问题的问题。教师若使用得当,甚至可以点石成金。比如,学习《云南的歌会》时,我让学生提前把问题写在纸条上交上来,一个学生的问题是:"《十二月花》怎么唱?"

我用这个看似浅显的问题充当课堂的导入问题,一上课就先让学生听歌。我问这是什么歌?学生说是《十二月花》。我问他们这是云南歌会上的原唱吗?这个问题就把学生的思维引向了对云南歌会特点的梳理上。

2018年,在第八届"语文报杯"全国中青年教师课堂教学大赛上,给听课老师留下深刻印象的是《泥人张》一课。这节课的教学总体策略是,教师先让学生提出问题、推荐美段,然后教师再以问题和美段为抓手组织教学活动。

从细节处理上看,教师要求学生质疑看不懂的词语,原因一是字词理解是文本理解的基础,二是为后面第一个教学活动——连词复述做铺垫。学生共质疑了五个词语,教师采取的策略是板书三个词语(架式、怵、找乐子),随机解释两个词语(赛、找回来了)。在复述时教师又补充了一个:贱卖。为什么要这样处理呢?因为后面的复述活动需要几个大体能架构故事的词语,板书需要的词语,不需要的随机解决。

这里体现了一个问题筛选、补充的策略。不是学生提出的所有问题都要重点处理,也不是教师就不可以提出问题。

接下来,学生提出问题或推荐美段,教师择要板书:

1. 为什么"有第一，没第二"？

2. "泥人张头都没回"的语句。

3. 众人有何作用？

4. 推荐表现泥人张捏泥人的语段。

5. "海张五"会报复吗？

教师是怎样处理这五个问题的呢？先处理侧重赏析文笔的问题4，顺带解决和它联系紧密的问题1，再处理侧重写法探究的问题2、3、5。

这里就有问题排序的策略、轻重的策略。教师的教不能是被动的，不能完全被学生牵着走，而要在尊重学生的基础上充分发挥主观能动性，把学生的问题经过微调，向教的思路、预设的思路、阅读的思路靠近。

三个关系

下面，我们要谈的是落实学习目标要处理的三个关系。

点与面

请看一个我们学校"写景与抒情"单元的教学设计（见表1）：

我们从《春》中选择了一句话——"小草偷偷地从土里钻出来，嫩嫩的，绿绿的"进行"点"上的精读指导，设计了七个问题。

①写的是什么景物？（作者选择了春天的典型景物——"小草"作为描写对象。）

②写出了春草的什么特点？（作者抓住了春草的特点：生命力强，嫩和绿。）

③是从几个方面进行描写的？[韩愈的《早春》"草色遥看近却无"，只写了草色。朱自清写了情态（偷偷）、动态（钻）、质地（嫩）、颜色（绿）。]

表1 "写景与抒情"单元的教学设计表

单元主题	单元位置	学习目标	选文	活动设计
写景与抒情	第四学段第一单元	1.能准确把握景物的特点，体会作者的思想感情 2.理解并赏析富有表现力的语言	《春》	1.思路概括（概括情感线索） 2.精读指导（"小草偷偷地从土里钻出来，嫩嫩的，绿绿的"——写法、特征、感情） 3.合作探究（写法、特征、感情）
			《济南的冬天》	实践运用 1.概括济南冬天的特征 2.鉴赏有表现力的语言（写法、特征、感情）
			《夏》	"夏"之句仿写 1.夏之变（描绘变化） 2.夏之色（对比铺排） 3.夏之景（罗列中的描写）
			《秋韵》	自读批注（写法、特征、感情）
			《小石潭记》	1.摘句：分别找出文中对应"小""石""潭""记"的文句 2.赏析：景物、写法、特征 3.探究：先乐后忧的原因 4.命名：根据景与情给小石潭命名

④描写中运用了什么修辞或写法？（拟人和叠音手法。）

⑤"偷偷"改成"不知不觉"行吗？"钻"换成"长"行吗？

⑥"嫩嫩的，绿绿的"改成"嫩绿嫩绿的"行吗？

⑦表达了作者对春草的什么感情？（不管是拟人，还是叠音手法，都表达了作者对春草的喜爱之情。）

"特点""情感""语言"，三个学习目标都包含在这七个问题里面了。

含英咀华，慢研细磨，这就是"点"上的深度开掘。然后学习再由这个"点"辐射到"面"上：段落——引导学生将"特点""情感""语言"三个方面赏析的方法迁移到其他段落的学习中；文章——略读《济南的冬天》，仿写《夏》，自读《秋韵》；群文主题阅读——"情在景深处"。

针对"面"的学习，一般是教师沿着"点"的方向，引导学生自主展开。

阅读教学，要处理好"点与面"的关系。只有点，支离破碎；只有面，蜻蜓点水；点面结合，相得益彰。从点到面，不仅是学习从词句到整篇的内容，还有从精读到略读到自读的方法。

语言是桥，也是墙。选"点"，靠的是语文教师这个专业阅读者的素养。那么，怎么选"点"呢？主要有以下三种方法。

第一，找到全息密码：虽是局部，却能关联全篇。"点"携带的基因，往往是文章的写法、特点、主题等事关整体的信息。

第二，能够直达目标：赏析的落脚点正是学习目标，而不是旁逸斜出的其他特点。

第三，充分挖掘空间：文章具有被读者从多个角度赏析、玩味的空间或余地。

比如，寓言《赫耳墨斯和雕像者》，教师抓住"多大"这一个"点"就够了。

"赫耳墨斯想知道他在人间受到多大的尊重"，关心自己是否受到尊重是人之常情，而关心自己受到多大的尊重，还想用钱来衡量，用和人比较来衡量，那就是虚荣了。

比如，泰格特的《窗》，教师抓住"为什么"和"凭什么"就可以分析那个不靠窗病人的嫉妒心是怎样一步一步发展和膨胀的。

嫉妒心人人都有。但嫉妒的程度不同，性质就不同。当问"为什么"时，是问自己，虽然从"不应得到"到"不该是我"，嫉妒心已开始变化，但没有失控泛滥，还是可以理解的；当发展到"凭什么"时，这是质问别人——你怎么能有质问别人的权利呢？这时候就变得不可理喻了。由"为什么"到"凭什么"，正是一个人的嫉妒心一步步膨胀的过程。比如，班里一个同学考试得了满分，你心里想：

为什么自己得不到满分？考满分的为什么不该是我呢？——虽不能分享别人的快乐，但主要是向内的反思。这是在问自己。

他凭什么考满分呢？——完全变成蛮不讲理的质疑和拷问。这是在质问别人。

品析一个词语，竟然可以这样长驱直入，直达文本主旨。

动与静

有的老师说，课上要让学生动起来；有的老师说，课上静静思考最宝贵。其实，都是各执一端。当动则动，当静则静，把两者结合起来不就可以了吗？

学习文言文《核舟记》时，学生自主疏通文义后，教师引导学生推断8个词语的含义，总结结合语境学文言文的方法，之后设计了一个关涉全文的问题：核舟的主题是"大苏泛赤壁"，"盖"表示推断，作者做出这个推断的根据是什么？

学生细读全文，深入思考。此时教师要耐心等待，留足时间，因为这时候学生的安静思考最宝贵。

这是"静"的设计。静，背后发生的动作是思考，而绝不是死气沉沉。

听过一节数学课，在"拓展提升"环节，教师用多媒体出示了一道应用题后，他只说了一句话："请看这道题——"

刚开始我以为教师会很自然地顺势把题目读一遍，可是他并没有这样做，只用了一个手势把学生的视线引向屏幕后，便戛然而止——虽然屏幕的位置不适合个别学生观看。

接下去的课堂当然是沉默。

处在这样的课堂氛围中，我揣摩学生的心理，其实他们并不沉默，他们心里都有一个属于自己的声音在忙碌地读题——读题的过程，就是阅读、理解，进而做出判断、思索的过程。我们不妨做一个假设，按照常规，或是教师为避免公开课上可能出现的沉闷气氛，顺势给学生读一遍题，有时还重复或用重音强调题目里面的一些表述，学生自己还要不要积极主动地阅读、理解、判断和思索？即使要，恐怕效果也要大打折扣吧？

课后和这位数学老师聊起这个细节，他说，不能把东西掰碎了、嚼烂了再喂给学生，而要让学生自己去体验，去理解。题目要让学生自己读，考试的时候，谁还给他读题？

我很佩服他这种"要让学生自己去体验，去理解"的说法。其实，这就是学习的规律。不仅数学是这样，语文也是这样。教师只有先让学生自己去阅读、体验和实践，他才可能产生属于自己的感悟。比如，所有的课文教师都范读，所有的范读都放在学生朗读之前，这就需要斟酌。但是，教师普遍的毛病就是惯用自己的理解代替学生的理解，过早、过度介入，自己一马当先，身先士卒，漠视学生。

此时课堂上的"静"是多么可贵！

我说："从语文的角度说，读的过程，其实就是理解的过程。读，不是简单的还原，读时的节奏、重音、语气、语调、重复，传达的其实是朗读者的理解。教师不读题，就是教师不把自己的理解告诉学生，逼着学生自己去理解。表面看，这个环节不起眼，其实很高明。"

难怪同样的教案，不同的教师执教会有不同的效果。

回到《核舟记》那节课，教师在总结了文章的说明顺序后，课堂就进入"动"的设计。

第一，用笔袋、杯子等作为道具，以第二段为依据，边用手比画边用原文或现代汉语解说。教室里顿时七嘴八舌，好不热闹。

第二，以第三段为依据，四人一组，三人表演，一人解说。

如果教师再允许其他小组"来找碴儿"，指出别人表演中的问题，那课堂里的气氛就更活跃了。

这就是"动"的设计，既是评估学生对课文的理解，又是在活动体验中帮助学生深化、内化对课文的理解。学生思维活跃，就会全然忘记这是在学习文言文。

不管是"动"，还是"静"，都是课堂的表面现象。只要它们背后引发的是思考，服务的是理解，瞄准的是目标，就无所谓先后、轻重和比例问题了。

学习散文《夏》时，我和学生一起坐在校内的小花园里，读课文，说特点，之后很快将注意力锁定在三个句式上。

①描写夏之变："好像炉子上的一锅水在逐渐泛泡、冒气而终于沸腾一样，山坡上的芊芊细草长成了一片密密的厚发，林带上的淡淡绿烟也凝成了一堵黛色长墙。"（用描写表现了一个季节的变化过程）

②描写夏之色："春之色为冷的绿，如碧波，如嫩竹，贮满希望之情；秋之色为热的赤，如夕阳，如红叶，标志着事物的终极。夏正当春华秋实之间，自然应了这中性的黄色。"（用对比的方法写出夏天的颜色）

③描写夏之景："你看，麦子刚刚割过，田间那挑着七八片绿叶的棉苗，那朝天举着喇叭筒的高粱、玉米，那在地上匍匐前进的瓜秧，无不迸发出旺盛的活力。"（用列举的办法写出夏天特有的景色）

掌握了这三个句式的特点后，我们让学生到校园各处寻找素材，仿写这三个句子，并各配一张照片，发到微信朋友圈里。

从学生年龄段上说，年级越低，越需要教师多做一些"动"的设计；

年级越高，越需要教师多做一些"静"的设计。但这只是相对的，从学生的角度来说，谁都愿意"动"；从学习角度说，课堂更需要"静"。

深与浅

文本是语文教学的载体。只有文本理解得深刻，语文教学才可能深刻。那么，怎样把文本教得深刻呢？我觉得有以下三个努力的方向。

一是向文本外部探求。知人论世解读作品，包括作品创作的背景、相同相异的作品比较等。这样可以把单个文本放在一个宏大的时空背景里去解读，在纵向和横向的联系中去定位、理解这个文本的价值。

比如，对鲁迅的《风筝》，可以从文章"所写之事"和"所写之时"两个角度去查找资料，寻找鲁迅当年弄坏兄弟风筝的家庭原因、社会原因，揣测中年鲁迅在除夕夜写作这篇文章的难言心境——这些材料必然对解读手足之情提供足够的支撑。

再比如，对朱自清的《背影》，除文本研读外，我们还查找了朱自清父亲当年差使"交卸"的真正原因。父子之间长期的战争使我们对作者"所写之事"和"所写之时"有了更深刻的理解和认识。

二是向文本内部探求。要用敏锐的专业的眼光，解读文本本身的矛盾，凭借一种"剥"的能力，向文本内部进击。专业阅读，这是语文教师的硬功夫，也是最大的挑战。

孙绍振教授认为，我们对作品进行分析，如果满足于作品与对象之间的同一性，这实际上是从表面到表面的滑行。分析就是把本来似乎是统一的东西里面深层的内在矛盾揭示出来，分析的对象就是矛盾和差异，无矛盾无以分析。怎样发现和揭示文本的矛盾呢？孙绍振教授指出："通过还原的想象揭示出来——首先要从文学语言中'还原'出它本来的、原生的、字典里的、规范的意义，其次把它和上下文中，也就是具体语境中的语义加以比较，找出其间的矛盾，从而进入分析的层次。"

比如，在朱自清的《背影》里，父亲的背影不潇洒，买橘子的举动也是可有可无的，作者也不是第一次看到父亲的背影，为什么这一次就流泪了，而且是"很快地"？如果按照作者的一些举动、心理去推断，这时候的他应当是感觉自己很没面子，所以不但想装作没看见，而且很怕别人看见，父亲回来后甚至还要埋怨他。这个思维冲突，就是我们的生活经验和文本经验的冲突，就是一般语境与特殊语境的冲突。只有抓住这个矛盾，文本才可能教得深。

再比如，在鲁迅的《藤野先生》里，鲁迅在表达对藤野先生的感激之情时说："他的性格，在我的眼里和心里是伟大的"，还特别强调"虽然他的姓名并不为许多人所知道"。藤野先生仅是一所普通医学专门学校的普通医学教授，况且鲁迅后来也放弃了从医，为什么多年后，鲁迅却用"伟大"这样的词评价自己的老师呢？"伟大"这个词的背后，到底埋藏着什么秘密呢？一般情况下，我们对自己老师的评价不外乎"感激、难忘、关爱学生、教学水平高"等，可是，鲁迅对藤野先生的评价却是"伟大"。这样，我们的生活经验就和文本经验发生了矛盾。"伟大"这个词，词典里的解释是"品格崇高；才识卓越；超出寻常，令人景仰钦佩的"等，很容易让人联想到某个大人物，而文本中"伟大"指向的却是一位普通医学专门学校的普通医学教授。这样，"伟大"的词典义和文本义就产生了矛盾。从文本出发，只有揭示出这个文本里"伟大"的特殊性，才可能教得深刻；反之，则是隔靴搔痒，不得要领。

矛盾，是作者深埋在文本内部的秘密。只有抓住并揭开这个矛盾，才能使语文教学走向深入。

三是向学生的生活探求。紧密结合文本和学生生活，向学生的生活延伸，在学生生活中寻找、印证文本的思想。比如，学习《变色龙》后对人性"善变"的讨论，学习《我的叔叔于勒》后对"金钱和人的关系"的讨论，学习《生于忧患，死于安乐》后对"环境和人成才的关系"的讨论等。这些讨论既能把学习引向学生的生活，体现语文的人文性，又能加深、拓展学生对文本的理解和认识，可谓一举两得。

我刚开始教语文时，不知道怎么教，教学时难免脚踩西瓜皮，滑来滑去，课堂当然肤浅得很；几年过去，积累了一些经验，尤其是读了一些文本解读方面的书，大开眼界，感觉语文深不可测，俯拾皆是风景，铆足了劲儿领着学生往深处钻；现在人到中年，在语文教学里摸爬滚打，获过荣誉，摔过跟头，感觉语文也不是越深越好——这个深，须以有限目标作为标杆，须以学生的经验、能力为限。

比如，一次教《背影》时，我穿插介绍了关于课文的很多背景资料，朱自清的父亲是因为什么被撤职的，祖母是怎么去世的，家境是怎样惨淡的，他北大毕业后是怎么和父亲闹僵的，后来又是怎样冰释前嫌的——在"语文越深越好"思想的支配下，我把学术论文里的很多表述都介绍给了学生，以为这样就能把学生的学习引向深入，其实结果恰恰相反。因为大量外部信息的涌入，挤压了学生对文本语言学习和揣摩的时间，而且这也远远超出了初二学生所能接受的水平。后来我依据学习目标进行了简化，反而取得了很好的教学效果。

比如，对鲁迅的《风筝》主题的理解，人们莫衷一是，争议颇多：批判封建教育思想和伦理道德；自我解剖，自我赎罪；倡导正确的儿童教育方法；中国老百姓对封建道德奴役、家长式的专制制度的不觉醒，因而备感改造"国民性"任务之艰巨；抒发了作者对冷酷现实的极端憎恶和对美好明天的憧憬，渗透着一种深沉的理性精神；表达手足情深……教师面对主题这么多元、隐晦的文章，有两点是必须考虑的。

第一，编者的意图。一旦进入教科书，进入课堂，在规定的时间内，面对具体的学生，我们的解读必须有所选择，不应该也不可能面面俱到。解读，除了关注选文本身的文本价值，还必须考虑它的教学价值——"亲情"的单元主题。

第二，学生的实际。作为学习的主体，学生不是被动地接受知识，而是主动地建构知识。任何人学习都离不开自己已有的知识经验。《风筝》这个文本面临的教学实际就是七年级学生。

出于以上两个原因，这篇文本应该采取"深文浅教"的策略，以"亲情"为线贯穿课的始终。

总之，语文教学深与浅的问题，其实就是对学习目标的把握和理解的问题。如果你的语文课是无限目标，能走到哪里就是哪里，那语文教学就多是纵深的引入和讨论；如果你的语文课是有限目标，只走到约定的那里即可，那课堂上就可能多是横向的反复和生动的落实。

课例点评：学习目标的提出和落实

学习目标的提出和落实，关乎课堂学习的有效、深度和质量。

学习目标，从根本上说，来自国家课程标准。教科书的编者，往往把课程标准分解为单元目标，至于单篇课文的目标就要由教师提出和制定了。所以，对单篇课文来说，除了深入解读文本，还必须认真研读"单元导语"，甚至是课后的"思考探究"，只有准确理解编者的意图，才能提出恰切的单篇或课时学习目标。

《周亚夫军细柳》出自人教版八年级上册第六单元。单元导读中有这样的说明：

阅读这些经典作品，要用心去感受古人的智慧与胸襟。

学习本单元，要借助注释和工具书，整体感知课文内容大意；还要多读熟读，积累常见文言词语和名言警句，不断提高自己的文言文阅读能力。

这个单元学习目标的制定，还要考虑其文言文本的特殊性，处理好"文"与"言"的关系。一方面，文言文不是一堆文言知识的堆砌；另一方面，也不能把文言文当成现代文去学习，只研究文义、写法、人物和主题等，忽视学生在文言词句上的理解障碍和知识积累。

下面一起来看一下樊北溟老师提出的学习目标：

1. 反复诵读，借助注释和工具书疏通文义，整体感知课文内容。
2. 品析侧面描写与正面描写相结合、通过对比衬托塑造人物的写作手法。

3. 感悟人物精神，理解周亚夫"真将军"的形象。

目标1出自单元目标，是单元所有文本的共性，主要考虑的是文本的文言文属性；目标2和"思考探究二"对应，体现的是这篇文本的个性；目标3考虑的应该是单元主题"品格与志趣"以及单元导语中"用心去感受古人的智慧和胸襟"的说明。

从整体来看，这三个学习目标中"言"的方面弱了一些，忽视了单元导语中"积累常见文言词语和名言警句""提高自己的文言文阅读能力"的提示，比如，课后"思考探究三"指向的就是一词多义词语的积累。学习文言知识，积累文言词句，进而形成阅读经验，对提高学生的文言文阅读能力至关重要。这一学习行为，本身就应该成为目的，而不仅仅是途径和手段。还有，建议把目标2和3合并，因为写作手法是为写人或表现主题服务的，不是孤立的。学生在品析写法的同时，人物形象自然就出来了。品析写法和赏析人物两者是分不开的。

再来看学习目标的落实过程。

环节一：读文章，品语气。指向的是目标1的落实。樊老师最精彩的设计就是请学生为剧本中的人物台词添加语气。剧本设计很见教师的功底，不但让学生感到耳目一新，更重要的是在不知不觉中检验了学生对文义的理解。活动表面上是添加语气词，其实背后检验的是"整体感知课文内容"。这个可以视为学习目标的评估或测量，和目标1的要求完全匹配。教师只有自觉地进行学习目标的评估，才能让课堂学习成为有始有终的线段，而不是有始无终的射线。我们还可以设计其他类似的评估活动，比如"给文章另拟一个标题""填空并阐述理由：_____的周亚夫""思考研究一"关于"真将军"的讨论等。

樊老师的设计中还有一个可圈可点的地方，那就是"比较'驰入'与'徐行'、'送迎'与'不拜'、'耳'和'邪'的区别"。其可贵之处在于把词语的理解和文义的理解结合起来，把词语理解放在文义理解的具体语言环境中，而不是孤立地就词解词。这才是语言学习的规律，也是学生阅读的规律。

当然，这个学习目标还可以落实得更好，或者说，我们还没有从樊老师的这个简略设计中看到更扎实的词语积累的细节。比如，"周亚夫军细柳"中的这个"军"字为什么当动词"驻军"讲？我们不仅要让学生学会"结合注释学文言文"，养成看注释的习惯，还要教给他们"结合语境学文言文"的方法，积累推断文言词语意思的经验。前有人名"周亚夫"，后有地名"细柳"，"军"如果是名词"军队"，句子就讲不通了。还有"之"在什么情况下做动词，"使"在不同语言环境下的多义用法等。

环节二：悟形象，明写法。指向的是目标2的落实。樊老师的设计是，先提问引出正面、侧面相结合以及对比的手法，再用填表的方法深化对对比的认识，进而讨论这样表达的效果。樊老师设计的提问是："文章是怎样刻画主角周亚夫的形象的？这属于什么描写？有何好处？"因樊老师的设计过于简略，我们并没有看到樊老师对这个问题讨论的预测。其实，这个问题的讨论是要费一番周折的：

①正面：直接写周亚夫的只有两句话（语言和动作描写）。
②侧面：通过别人（士吏、都尉、群臣和文帝）来写周亚夫。
③反面：通过相反的方面（棘门、霸上）来写细柳。

填写对比表格是有必要的，这样不但可以促进学生对文本的细读，还可以深入领会作者"反面"写人的艺术。仅仅能"知道"或"说出"是不够的，还要通过一个活动进行"深究"和"理解"，这样的学习才更有深度。

怎样才能让学生对侧面描写的手法入耳更入心呢？这里介绍一种转化的办法，即把原文的侧面描写改写成正面描写，和原文形成一种对比的张力，在改写中感受原文写人的艺术。方法如下。

首先，以周亚夫的口吻为细柳营写一则关于军规的通告。想一想涉及的内容和通告的语气。

然后，描写一个周亚夫军中训话的场面。想一想他训话的内容，以及训话时的神情和语气。

环节三：联实际，传精神。指向的是目标3的落实。樊老师的设计意图是把对人物的点评放在一个创设的情境中，避免过于直白、直接的分析。但是，樊老师并没有提供汉文帝"朋友圈"的内容，那么学生回帖的根据依旧就是课文，而不是朋友圈中实际出现的内容，何来"联实际"呢？试想，如果汉文帝不是心胸开阔、慧眼识人的明君，又何来周亚夫的"真将军"呢？所以，这里的赞扬就不能只为周亚夫。还有，如果学生的帖子之间不能形成互动、补充，甚至是争议，那么这种单向的表达，和采用直接评论又有多大的区别呢？教师关注课堂生成和提前预设之间是不矛盾的，要求学生写一些赞扬周亚夫的话，那么教师希望学生怎么写呢？有没有一些基本的要素或要点？虽然可能众口不一，但是一些基本的认识，教师还是要让学生深入领会的。

最后，关于课后延伸，我建议参考教材"思考探究四"，把学习落在对《史记》某些篇章的阅读和写人艺术的探究上。这不仅是对学生探究能力的培养，还关涉学生的课外阅读。精神传承之于语文，那是要有文字和阅读作为媒介和载体的。

附 《周亚夫军细柳》教学设计

【教学目标】

1. 反复诵读，借助注释和工具书疏通文义，整体感知课文内容。
2. 品析侧面描写与正面描写相结合、通过对比衬托塑造人物的写作手法。

3.感悟人物精神，理解周亚夫"真将军"的形象。

【教学重点】

把握本文写人叙事的技巧。

【教学难点】

理解周亚夫"真将军"的形象，感受其可贵精神。

【教学过程】

★ 导入

从皇帝的一则"朋友圈"说起。

★ 环节一：读文章，品语气

小组合作，对照书下注释，疏通生字词，复述故事。

师生合作，在括号内为演员设计恰当的语气，朗读人物对话。

第一场

（细柳营壁门外）

天子先驱（_____）："天子且至！"

军门都尉（_____）："将军令曰'军中闻将军令，不闻天子之诏'。"

（天子先驱下，使者上）

使者（_____）："传皇上口谕，吾欲入劳军。"

卫兵（从远处跑来）："得将军令，开壁门。"

（壁门开，众人下场）

第二场

（细柳营内文帝车夫驾车疾行）

壁门士吏："将军约，军中不得驱驰。"
（汉文帝按辔徐行，周亚夫手持兵器上）
周亚夫（_____）："介胄之士不拜，请以军礼见。"
（周亚夫作揖，文帝俯身手扶车前横木致意）
使者（_____）："皇帝敬劳将军。"

第三场

（细柳营外群臣惊愕）

汉文帝（_____）："嗟呼，此真将军矣！曩者霸上、棘门军，若儿戏耳，其将固可袭而虏也。至于亚夫，可得而犯邪！"

★ 环节二：悟形象，明写法

提问：文章是怎样刻画主角周亚夫的形象的？这属于什么描写？有何好处？

学生活动：同桌合作，用原文完成下列表格。

文帝劳军地点	霸上和棘门	细柳营
受到的礼遇	直驰入	无军令不得入
		不得驱驰、按辔徐行
	将以下骑送迎	介胄之士不拜，以军礼
"文帝曰"	若儿戏耳，其将固可袭而虏也	可得而犯邪

比较"驰入"与"徐行"、"送迎"与"不拜"、"耳"和"邪"的区别。

提问：课文讲的是周亚夫军细柳的故事，为什么还要写上刘礼军霸上、徐厉军棘门？这样写有什么好处？

提问：周亚夫究竟有何可贵之处？

★ 环节三：联实际，传精神

围绕"真将军"的"真"字，在汉文帝的"朋友圈"下跟帖回应，写一些赞扬周亚夫的话。

★ 环节四：总结

"君子直言直行，不婉言而取富，不屈行而取位。"周亚夫的忠君爱国不是"愚忠"，更不是谄媚的愚行，他的刚直在现在依然有着重要的现实意义。

（原载《中学语文教学》2018年第2期，作者为广东省深圳市樊北溟，收入本书时略有改动）

第二辑

教育有道亦有术

道是理念、规律和原则，术是解决问题的具体策略。教育有道亦有术，术和道皆不可轻视。

为什么很多时候我们的课堂教师一放手就乱，学生无所适从？大多是因为学生在攀登台阶的时候没有脚手架的帮助，在获取知识、形成能力的时候缺少学习工具的支撑。

教育需要价值观，也需要方法论和工具箱。教育缺的是把理念落地的工具、模型和脚手架。

教师的"一句话工具"

曾听李希贵校长介绍过两个效果强大的表扬工具。

第一句话:"我家这孩子做事可专注了!"
第二句话:"我家这孩子可喜欢读书了!"

使用场合:当着自己孩子的面,热情地、频繁地对别人夸自己的孩子。
使用目的:使孩子分别在1岁、3岁时开始养成专注和读书的良好习惯。
要什么就评价什么,评价什么就有什么。
一句话工具,操作简单,功能强大,可谓工具箱里的轻骑兵。
受此启发,我也找到了一些"一句话工具"。

同学们最想听谁朗读

使用说明:当课堂需要一次质量较高的朗读时。

如果是在熟悉的班级,老师就会直接点名。如果是在陌生的班级,很多老师就会这样问:"我们班谁读得最好?"这句话是从教学需要的角度出发的,没有考虑学生的感受。对推荐者或被推荐者来说,朗读都是被动的、义务的,只不过是给老师制造一个出彩的环节罢了。而"同学们最想听谁朗读"就不一样了,它不但给老师提供了一个高质量的朗读者,更尊重了学生的内心感受。推荐者是积极的,因为是我"最想听谁朗读";被推荐者是幸福的,因为他体验到的是受人尊重和关注。可以说,一句话既鼓励了一个学生，又抬举了全班学生。

何以见之

使用说明：在教师希望学生能结合文本，有理有据地发言时。

在课文赏析中，学生只发表了自己的看法，而没有说理由。特级教师于漪经常这样问学生："何以见之？"于是学生重新回到文本中，引用课文中的话作为根据回答。这一句简洁有力而又指向明了的"口头禅"，曾被陈金明教授这样称誉："这一句意在引导学生钻研文本的话，应成为教师的常备武器。"

就这一点（这个句子），谁还想谈谈

使用说明：在文本关键处的赏析需要特别强化、深化和内化时。

赏析课文时，学生你一言我一语，各抒己见。可是在文本的关键处，赏析却不见得透彻、到位和全面，如果教师不把教学的节奏压下来，引导学生在此处重锤敲打，慢研细磨，赏析就会在肤浅的表面滑行。一个学生赏析结束，教师插话道："就这一点（这个句子），谁还想谈谈？"（"这一点""这个句子"要用重音突出）于是，学生的思维迅速锁定在这个讨论点上，直到谈得透彻了、到位了、全面了，教师才说"请同学们接着刚才的话题继续讨论"，使课堂讨论重回到正常的节奏和轨道上。

经过刚才的讨论，你的经验或教训是什么

使用说明：在对一个关键问题的讨论经历了一番周折之后。

课堂里的讨论不总是一帆风顺的——那恰恰是要警惕的。在经历了一番问题暴露、教师启发、重启思维、再度讨论之后，教师要引导学生梳理

讨论过程、反思讨论的经验或教训，这是在引导学生积累阅读经验，提升阅读能力，更是在修正学生的元认知。

元认知又称反省认知、监控认知等，是指人对自己的认知过程的认知。学习者可以通过元认知来了解、检验、评估和调整自己的认知活动。美国教育学者马扎诺将元认知定位在认知过程之上，元认知主要是建立目标，目标对认知活动起着十分重要的制约作用。

这对我们的课堂教学有极大启发。教师要能抓住一个知识的逻辑链，在课堂上将个别学生回答的个别点及时加以梳理，将一个完整的认识过程呈现给学生。这句话应当成为教师引导学生修正元认知的有力武器。

等你们小组成员都会了，才能举手回答

使用说明：在以组为单位的巩固练习比赛中，所有学生都要完成任务时。

教师一般的处理过程可能是这样的：抢答——看哪个小组最先举手，特别是在公开课的场合下。我们总会有意无意地关注学生思维的敏捷性，看谁反应快，最先对教师的问题做出回应。这样做的后果，就是只培养了极个别的学习尖子，而使其他人陷入思维停滞的状态，甚至沦为看客。即使是在小组学习的形式下，这些同学也总是习惯于把眼光投向优秀的同伴，自己甘居一隅，小组成了他们最安全的避风港。如果教师的关注点不是在"谁先举手"上，而是在"所有成员都要会"上，课堂关注的就是"不会"，就是怎样由"不会"到"会"，关注的就是"全部"，那课堂教学就会向"消灭不会"的方向发展——而且是小组内自主发现、积极主动"消灭"。这恰恰启动了学生的自我系统，因而学习的效率和质量大大提高。

哪些可以不教？哪些还是要教的？

使用说明：教师在面对一个内容相对浅易的文本，学生有了一定的阅

读经验时。

特级教师钱梦龙执教《死海不死》时，要求学生把课文看一遍，然后根据课文后面练习题的要求想一想："哪些知识我们可以不教？"

教，是为了不教。其实，这里的"不教"恰恰是最高境界的"教"——学生自己教自己！学生发表意见后，钱老师又说："换个角度思考一下，你们认为要学好这篇课文，哪些知识还是需要老师教的？"经过讨论，师生一致认为，趣味性是这篇说明文的特色，这一点要教。

钱老师连提问的语言都能设计到这个份儿上。

一点儿想法也没有的请举手！

使用说明：课堂问题讨论，大多数学生有了想法，教师的关注点在所有学生身上时。

钱梦龙老师经常这样提问："对这个问题，一点儿想法也没有的请举手！"然后，他会耐心地把没有想法的学生讲明白为止。我们惯于说"会的同学请举手"，而钱老师却经常说"不会的请举手"。

"医之好治不病以为功"，恰恰是很多老师，尤其是语文老师的习惯。

你不是不能成功，只是还未全力以赴

使用说明：教师劝勉暂时还没有取得理想结果的学生时。

这句话先用双重否定的形式，帮助暂时处于低谷中的学生排除了智力、能力和机会等原因，然后确凿地锁定在"未全力以赴"上。"全力以赴"指向的是规划、重视程度和专注程度等问题。这样的表达，既有的放矢地指出了学生的症结所在，又传达了教师对学生的美好期待，让学生受到鼓舞。"全力以赴"指向的，正是人的自我系统。

你只是看起来很努力

使用说明：面对学生，教师指出一种风气或倾向时。

"你"虽然是虚指，但是谁符合谁自会在心里认领。

永远不要试图用战术上的勤奋，掩饰战略上的懒惰。没有目标的努力，没有计划的奋斗，都只是作秀。

这句话还可以表述为，任何低质量的勤奋，都是伪装起来的懒惰。

着急无法解决当下的问题

使用说明：教师面对因学生学业引起焦虑的家长时。

这句话来自一个班主任给一位焦虑家长的回信，曾引爆网络。其实，信中还有第二句"错误是孩子成长的勋章"、第三句"给每朵花自己开放的时间"也很有意义。

第一句的主旨是"焦虑没用"。先就事论事，减轻家长的焦虑情绪。

第二句的中心是"错了没事"。直指我们对待错误的正确态度，不要夸大一次错误对孩子的影响。这绝不是糊弄家长，也不仅仅是劝慰，而是一种学生观、教育观。

第三句的意思是"学会等待"。这是在展望未来，把眼前的问题放在孩子的一生中去看，孩子的成长有无数个机会、无数种可能，有自己的节奏。

教师工作的特殊性，决定了表达在工作中的重要性。表面看是一句话，背后折射的其实往往是教师的学养、修养和教育哲学。

管窥提问

提问，堪称促进人们学习的一种伟大发明。一个无疑而问、揣着明白装糊涂，一个在思考中进入深度学习、在回答中暴露自己本来不可见的思维。课堂，就是在师生这样的智慧互动中实现知识和文明的传递。

提问是课堂教学的基本单位。我们可以通过对这一基本单位的解剖、考察优化教学设计，美化教学过程。

《木兰诗》中有两句写木兰替父从军，奔赴前线的诗："旦辞爷娘去，暮宿黄河边，不闻爷娘唤女声，但闻黄河流水鸣溅溅。旦辞黄河去，暮至黑山头，不闻爷娘唤女声，但闻燕山胡骑鸣啾啾。"

我们就以对这两句诗的设问过程为例来谈谈提问。

策　划

既包括课前教师对整个提问过程的设计、预测，也包括教师对学习目标、教材的理解，对学生水平的预测。

两句诗写踏上征途的木兰，一方面写征途的遥远、行军的神速和军情的紧急，大刀阔斧地表现了出征健儿的豪迈气概；另一方面以宿营地空寂荒凉的夜景烘托木兰离家愈远思亲愈切，细针密线地刻画了年轻女子的细腻情怀，从而揭示出生活的骤然变化在木兰性格中引起的特殊矛盾。

对此明代的谭元春评论说："尤妙在语带香奁，无男子征戍气。""无男子征戍气"正是作者的高明之处，也只有这样，才能使木兰形象更鲜明，更富有个性。

做了这番"深入"之后,下面就得"浅出",设计问题了。

设计一:这两句诗写了什么内容?有什么作用?
设计二:此时的木兰,心理有什么变化?

第一种设计笼统含糊,问题太大,指向不明确;第二种设计虽切中要害,直指木兰形象这一学习目标,但太直接,不一定能激起学习兴趣。

设计三:你觉得这两句诗该怎么朗读?是快读、慢读,还是有快有慢地读?为什么?

这种设问,以问"读"打头,为什么这样读?实则就是让学生在不知不觉中主动感悟木兰的形象。把真正的意图包装起来,采用"迂回包抄法",在完成显性任务的同时,把隐性的也是主要的任务不知不觉地完成,这样的设计正是我们需要的。

怎样避免"满堂问"?答案是策划问题时要注意整合,善于设计"主问题"。教师要设计出能够提纲挈领,牵一发而动全身的"大问题",其他的"小问题"都服务于全课的"大问题"。宁鸿彬老师把这叫作"教学的整体设计",余映潮老师把这样的问题叫作"主问题"。

比如,《木兰诗》的主问题:你从哪些诗句中感受到木兰是一位女英雄?《好嘴杨巴》的主问题:全文杨巴只说了一句话,他的嘴究竟"好"在何处呢?《风筝》的主问题:作者在北京见到风筝,为什么说"在我是一种惊异和悲哀"呢?这样的问题既是关涉全文也是关涉整节课的"大问题"。

怎样让问题更有吸引力?答案是策划问题时要在"巧"字上下足功夫,追求"妙在这一问"的境界。面向同样目标的提问,问法不同,激起的求知欲就大不同。这有赖于教师教学设计的艺术,更有赖于教师对教材深刻独到的把握。

胡明道老师执教《黔之驴》时，在讨论寓意阶段，这样设问：

假如你去参加驴子的追悼会，你会对驴子的家属说些什么？
假如你去参加老虎的庆功会，你会对老虎说些什么？
假如你作为记者采访柳宗元，你会问他些什么？

这些问题的目的是引导学生多角度理解寓言的寓意，培养他们的质疑能力。当时身处课堂里的我，真切感受到了这三个问题的力量。如果改成："你觉得这篇寓言的寓意是什么？关于这篇文章，你还有什么问题？"那效果恐怕不用赘言了吧。

再比如，钱梦龙老师执教《死海不死》时，一上课，钱老师说："今天要和同学们一起阅读的是一篇说明文。先请同学们打开课本，看一下目录的第一页，这一页共列出两个说明文单元，我们要阅读的说明文就在这两个单元里，同学们还不知道是哪一篇。现在给你们一个条件：这篇文章的标题很能引起人们阅读的兴趣，你们猜是哪一篇，看谁猜得快、猜得准。"

如此导入，真是煞费苦心。"效果 — 标题""标题 — 效果"，不同的思维顺序，带来不同的学习效果，真可谓别具匠心。

在对提问的前期策划中，尤其要确保提问始终都围绕学习目标进行，决不允许脱离学习目标发挥，旁逸斜出，信马由缰，这些都不是我们希望看到的。

实　施

包括创设问题情境和实施提问。"创设"的作用是营造提问氛围，暗示思考方向，过渡前后环节。

比如，上述《木兰诗》中的诗句，还可以这样设计："刚才我们用快读体现了木兰急切而有序的准备工作。备好行装以后，我们的女英雄就只身奔赴战场，踏上征途了。你觉得怎样读才能更好地体现她此时的心情？是快读、慢读，还是有快有慢地读？为什么？"

选择式问法，聚焦到"快读、慢读"的研究上，降低了问题的难度。对"为什么"的回答才是教师最需要的。从某种程度上说，怎么读无所谓，关键是让学生通过对读的探究完成对文本、对人物的深入理解。

生1：快读。这样既可以体现木兰急于杀敌、报国心切的英雄气概，也可以体现战况的紧急。（生1读）

生2：慢读。作者反复咏叹，可见思乡之切、儿女深情；初次离家，只身外宿，难免孤独；临近战场，不再浪漫，难免紧张。故慢读。（生2读）

教师设计好问题在课堂教学中具体实施时，要注意什么呢？

请先看一个课堂片段（讲解《木兰诗》前三节）。

师：木兰为什么叹息？

生："昨夜见军帖，可汗大点兵。军书十二卷，卷卷有爷名。"

师：木兰做出了怎样的选择？

生："阿爷无大儿，木兰无长兄。愿为市鞍马，从此替爷征。"

师：其实，人生处处都在选择。越是在紧要关头的抉择，越能显示一个人的精神面貌。一边是父母，一边是国家，只有代父从军，忠孝才能两全。这两句话应该读出什么语气？

生：坚定、激昂、自信。（反复朗读）

师：木兰从军，虽是迫不得已，但当她一旦做出抉择，态度则是积极的。从哪里可以看出来？为什么？

生："东市买骏马，西市买鞍鞯，南市买辔头，北市买长鞭。"

由以上教例可以看出：

第一，问中有答，答中有问，问导着答，答随着问。即在教师问的话语中暗藏着学生回答的诱因，以利于学生捕捉这些诱因，迅速作答。同样，教师听取答案时，也要捕捉疑点或不明确处，以便紧紧抠住不放，继续提问。

第二，教师要进行小结式的讲。一方面对展开讨论的问题加以总结，对学生的答案加以归纳；另一方面为下一步的提问奠定认知基础，开拓新的思路，展开新的话题。这个小结式的讲是不能轻易放过的，这时的讲犹如一眼具有启发与引导价值之泉，对学生是极为有用的。

点　拨

如果期望的效果还不完美，学生的分析还不够透彻、不深入或卡壳、语塞、冷场，这就表明急需教师通过点拨指点迷津、启发走向深入、变通降低难度或变换角度补问。

再来看教例。

师：如果认为木兰非常想家、孤独、紧张，这不是贬低木兰了吗？

生1：这是人之常情。不爱家怎爱国？思亲想家是一种美好、纯洁的情感。

师：嗯。勇敢也不是说有就有的，而是柔弱在困苦中磨砺出来的。这样看来，木兰的心情是复杂的、变化的。那么我们能不能把快读、慢读结合起来呢？

生2：先慢后快。初离家门，思亲心切，一步一回头；后来战事紧急，就不容懈怠了。（生2读）

生3：先快后慢。初踏征途，激动兴奋，充满想象；后来孤独、紧张、想家了。（生3读）

生4：时快时慢。只有这样才能体现木兰爱国与思乡交织、勇敢与柔弱并存的复杂情感。（生4读）

总　结

教师对学生的回答做出评估，可以在学生回答的基础上进行总结深化，从而使学生的认识得以升华；可以引导学生梳理结论产生的过程，反思自己在思考中的经验和教训。深化也好，反思也罢，都一定要落在学习目标上。

比如，教师说："我们对朗读的处理是由对内容的理解决定的。我们对木兰形象的理解不同，朗读自会不同。其实，怎样读并不是最重要的，重要的是我们已经走进了木兰的心灵。经过刚才的讨论，你的经验或教训是什么？"

策划、实施、点拨和总结，就是一次提问的基本结构。

当然，这不是一个固定不变的程式。还有一些以活动为主的设计，可以用任务来组织课堂，整节课没有提问也是未尝不可的。

五步讨论法：引导学生深度讨论一个问题

在讨论问题时，课堂里的场景经常是这样的：教师发问，然后学生甲说、乙说，教师点拨，然后学生丙说、丁说，最后教师总结。这样做好像也没有什么大问题，因为一直都是这么过来的，有始有终，环节也很完整。但是和下面这个"五步讨论法"一比，就知道什么是深，什么是浅了。

第一步，阐述。这一步和过去相同，教师发问，学生甲说、乙说、丙说……当学生充分发表意见后，这个步骤结束。注意：在这里，表面上可能很热闹，但只是单向的师生互动。事实上，很多老师做到这里就鸣金收兵了。

第二步，复述。要求所有学生都复述一个自己认为最好的其他同学的答案。这不仅能强化所有学生的倾听习惯，更能促使多向的生生互动。复述别人的答案，是一种学习；被别人选择复述答案，是一种评价。

第三步，比较。比较自己的答案和公认最好的答案，二者之间相同点在哪里，不同点又在哪里。在比较、辨析中，人的思维往往从浅显走向深入。

第四步，反思。经过前面的讨论，反思自己思考问题的方式、角度以及对见解的表达，存在哪些优点或问题，哪些方面需要发扬或是调整。这是教学生学会对自己思维的思考，是瞄向人的元认知的。

第五步，总结。重新思考教师提出的问题，提倡整合、提升同学的创见，然后把问题的答案写下来。

当然，不是所有的问题都需要这么讨论。五步讨论法更适用于需要深度理解、有充分挖掘空间的问题，而不适用于只需浅层次理解的问题；更适用于有相当开放性的、正确答案不止一个的问题，而不适用于封闭性的、正确答案只有一个的问题。

　　学习是一件极其复杂的事，谁接受一个新知识都不是轻而易举的，学生是这样，教师也不例外。我们要把一个新知识嵌进学生旧有的经验系统里去，是要颇费周折的，是要逐渐浸润的，反反复复的。若是蜻蜓点水、浮光掠影地学习知识，别说是嵌进学生的经验系统里去了，连他们的大脑皮层也没进去，甚至有的学生还不知道怎么回事，学习就结束了。结果不用想也知道，他们还没出教室，知识就全都还给教师了。

披沙拣金：宁鸿彬老师的三个阅读工具

宁鸿彬老师是北京市语文特级教师，是对语文教学产生深远影响的教学流派——"思维派"的代表人物。我从1998年开始阅读宁鸿彬老师的论文论著、课堂实录，每每勾画品味，爱不释手，竟至自己的教学也深受宁老师的影响。

在宁老师众多精彩的教学设计中，《皇帝的新装》可谓他的代表课。在这节课上，宁老师带领学生只做了四件事：一词概括皇帝（概括皇帝的特点，并说明理由）；一字概括情节；一字概括行为（文中的人物和"骗"字的关系。结论是骗子"行"骗、皇帝"受"骗、大臣"助"骗、百姓"传"骗、小孩"揭"骗）；一字概括原因（骗子的骗术并不高明，人们为什么会上当？结论是一个"私"字）。

下面以这节课的第二个环节——"一字概括情节"的教学实录为例，看看宁鸿彬老师是如何带领学生深度讨论一个问题的。

师：谁能用一个字概括这篇童话的故事情节？或者说这个故事是围绕哪一个字展开的？给大家一分钟准备时间。

生1：我认为用"蠢"字来概括。因为皇帝和那些大臣的言谈举止都特别蠢。

生2：我认为用"骗"字概括。就是骗子的骗，因为开始是骗子骗皇帝，后来发展到皇帝、大臣、老百姓自己骗自己。

品析：从后面的环节来看，生2的回答，正是宁老师需要的答案。我们很多老师遇到学生说出这样的答案，可能会情不自禁地点头示意，或是露出满意的笑容，然后再说上一句："好！"——如果是这样的话，学生就会意识到正确答案已经出现，不必再接着说了。学生是很聪明的，他们很善于从老师的一言一行，或是一个不易察觉的微表情中揣测老师的好恶和意图。在这种情况下，宁老师怎么办呢？他的办法是：不动声色。这样，学生就会只关注自己的思考，从而放心大胆地表达。只有学生表达充分了，思维充分暴露了，教师的教学才有针对性和价值。

生3：我认为用"伪"字，就是虚伪的"伪"。因为皇帝、大臣和老百姓谁也不愿让别人知道自己什么也看不见。他们宁愿欺骗别人，欺骗自己，也不愿讲真话，所有的一切都是虚伪的。

生4：我认为用"假"字。因为根本没有什么美丽的布料、美丽的花纹，而且骗子、皇帝、大臣、骑士和老百姓对这件衣服全说了假话，所以我用"假"字概括。

生5：我认为用"傻"字。那两个骗子的骗术很容易识破，而皇帝等人却信以为真。骗子在给皇帝穿衣服时，其实什么也没穿，皇帝却说特别合身。大臣、骑士以及老百姓对皇帝所谓的衣服也大加赞扬。其实穿没穿衣服，只要用手挠一挠不就知道了吗？这个皇帝太傻了！

生6：我认为应该用"装"字来概括。这个故事自始至终是围绕那一套新装展开的，如果没有了新装，就没有这个故事了。

生7：我认为不应该是"新装"的"装"，而应该是"新装"的"新"。因为那个皇帝喜欢穿新装，关键是那个"新"字。那两个骗子胡说的那些特性，也是指新织的布和用它做出的新装。大臣们称赞的，也是那新织的布和新缝制的衣服。

生8：我也用一个"心"字来概括，不过不是新装的"新"，而是心脏的"心"。我认为骗子骗人是居心不良，大臣、骑士们说假话是心怀鬼胎，皇帝不说真话也是心里有鬼。因此，我认为这个故事是围绕一个"心"字展开的。

品析：注意，在学生发言期间，宁老师始终没有发表意见，而是等待，等待，一直等待。教师不动声色，学生充分表达观点。一个问题竟然"暴露"了八个答案！这是教学得以进行、学习得以发生的前提。

学生的意见表达充分了，下一步该怎么办呢？每每读到此处，我都情不自禁地展开想象：如果是我，我会怎么处理呢？

好。精彩继续。下面该宁老师上场了！原来大戏才刚刚拉开帷幕——

师：大家发表了不同的见解。你们分别用"蠢、骗、伪、假、傻、装、新、心"八个字概括了这篇课文。那么，这八个字哪个是正确的呢？（学生纷纷举手要求发言）

品析："学生纷纷举手要求发言"，这时候老师该不该让学生发言呢？假设老师让学生发言，又会怎样呢？是不是仍是"公说公有理，婆说婆有理"，只是在前面环节基础上的简单重复和无谓争论呢？看看宁老师怎么处理——

师：很好！大家的积极性很高。不过，如果请你们现在就发表意见，恐怕还是各抒己见，一时很难统一。那么，怎样才能比较迅速地把正确答案筛选出来呢？下面我就教给你们几种办法。

品析：看，行家出手，与众不同。此时宁老师不再让学生发言，而是要"教给你们几种办法"。此时教办法，是不是学生最需要的时候呢？对最需要的东西，人会带着怎样的"自我系统"去学习呢？

师：首先，大家使用"排除法"，把不切题的答案排除掉。我们先回忆一下，刚才我是怎么提出问题的。我说的是：谁能用一个字概括这篇童话

的故事情节？（"故事情节"四字语气加重）

生9：既然题目的要求是用一个字概括故事情节，那么"蠢""伪""假""傻"这四个字是不对的，因为这四个字说的是皇帝这个人物，是不切题的。（众生纷纷点头，表示赞同）

品析：第一个办法——排除法，先把最不靠谱的、误读了题干的答案去掉。这样问题就来了，明明误读了题干，忽略了"故事情节"四字，宁老师为什么不在学生回答时及时提醒呢？这正是宁老师的高明之处。如果第一个同学说完"蠢"之后，宁老师说"注意了哈！刚才我说的是'谁能用一个字概括这篇童话的故事情节'（'故事情节'四字语气加重）"，老师还能知道多少没有从"故事情节"的角度来概括的答案和同学吗？其他同学还能毫无顾虑地表达自己的想法吗？

师：完全正确。咱们就把这四个字排除掉。现在还剩下"骗""装""新""心"四个字，咱们使用"检验法"进一步解决。什么是"检验法"呢？就是把这四个字，一个一个地试用，进行检验，能够适合于文中所有人物的就留下，不能适合于文中所有人物的就去掉。

生10："新""装"这两个字都不能单独地用在课文中所有人物身上。因为一单独用就说不清是什么意思了，所以，这两个字是经不住检验的，应该去掉。

生11："骗"和"心"这两个字都可以。我试了一下，这两个字用在哪个人物身上都说得通。

品析：第二个办法——检验法，再把貌似正确的答案去掉。和前一步相比，这一步的思维难度加大了，在都符合"故事情节"的四个答案中，甄别出考虑不全面的、思维片面的答案。

师：现在还剩下两个字了，咱们使用"比较法"来做最后的筛选。怎样比较呢？就是用这两个字分别概括每个人物，比比看，看哪个字更准确？哪个字更能表现出这个故事的特点？

生12：我认为"心"字不如"骗"字好。在这个故事中，所有人物都和"骗"字有关系，有骗人的，有被骗的，还有不被骗的。总之，一个"骗"字说出了这篇课文的特色。

生13：我也认为"心"字不如"骗"字。"心"指的是心理活动，就是思想。这个故事中的人物都有他自己的思想。这样一想，用"心"字概括很好。可是再一想，哪篇课文中的人物都是有思想的。这样一来，这个"心"字，用它概括这一课可以，用它概括别的课也可以。所以，用"心"字概括这一课，不能说出这一课的特色。

师：还有不同意见没有？（众生摇头）

品析：第三个办法——比较法，最后把更准确的答案留下，把不太准确的答案去掉。和第二步相比，思维的难度又加大了。这里讨论的不再是对不对的问题，也不是全不全面的问题，而是准不准确的问题。三个方法，拾级而上，循序渐进，前后的顺序是不可以变动的。

师：大家的看法是对的，本文是围绕一个"骗"字展开的（板书：骗）。请大家回忆一下，开始你们提出了八个字，我们为什么能够在这样短的时间里就统一了认识呢？这是因为我们采用了恰当的筛选方法，这就是排除法、检验法和比较法。希望大家记住这三种方法，并在今后注意学习运用。

品析：教师小结，标志着一个教学环节的收束。宁老师的总结，可谓技高一筹。尘埃落定后，他的板书"骗"可谓水到渠成。最关键的是，宁老师引导学生回忆统一认识的过程，重提这三种办法。这不仅是对刚刚学到的三种方法的强化，更是对学生元认知的指导和校正——这正是我们一贯忽略的。在宁老师的论文、论著里，我从没有读到"元认知"这个概念，但是这和一个课堂教学艺术家的经验和感觉不谋而合。

在确定学习目标的讨论中，我曾提出"少就是多"的原则。什么是多？什么又是少？这是很有意义的话题。宁老师这个不少于 15 分钟的教学环节，表面上只解决了一个问题，但因为向学生的思维深处长驱直入，真正触动了学生的旧有经验，从而嵌入了他们的学习系统，对他们的学习一定会产生深远的影响。这是"少"呢，还是"多"呢？

在很多场合我都喜欢引用一句话：我们更需要"一寸宽，一里深"的教学，而不是相反，"一里宽，一寸深"。我想，宁老师的这个教学片段，就是对"一寸宽，一里深"教学最生动的阐释。

比较法：一款深度讨论的学习工具

比较法这个学习工具在促进学生深度理解上的作用非常大！

学习苏轼的《记承天寺夜游》时，学生结合文句分析苏轼的情感，几乎能关注到文章大部分的句子，但是一般不会注意到首句"元丰六年十月十二日夜"这个表示时间的句子，对"庭下如积水空明，水中藻荇交横，盖竹柏影也"这个描写月景的句子，理解往往也浮在文字的表层。但这正是学生自主学习的真实学情，也恰恰是需要教师通过设计向深处推进的地方。一节课，全部让学生去展示分享，不是不可以，但是如果学生的思维需要提升，认识受到局限，这时的展示就会在一个认识的平面上滑来滑去，你说我说他说，说来说去，最后还是那样，难进文本深处，免谈豁然开朗。

对这样问题的讨论，就需要比较法的介入。我用课件投出"元丰六年十月十二日夜"这句话，问学生："读这句话，你觉得有什么问题吗？"学生说："没什么问题啊，时间嘛！"我追问："一篇80多字的文章，第一句写时间就用了10个字，你不觉得有点儿浪费或是太郑重其事了吗？"学生似有顿悟："'记'嘛，我们写日记也是先写时间啊，这是日记的格式吧！"

这么分析应该是有道理的，苏轼是有文体上的考虑的。但是仅仅这样理解还不够，如果只是格式上的考虑，写在文后作为落款不就行了，为什么要郑重其事地作为首句呢？

学生开始思考，大概觉得这真是一个问题。

此时开始比较，不愤不启，可谓恰如其分。写这篇文章的前一年，也是在黄州，在《前赤壁赋》《后赤壁赋》中，苏轼是怎样交代时间的呢？

一个是"壬戌之秋"，用的是天干地支的纪年法，是个文化概念；一个是"是岁",干脆只说"这一年"。而"元丰"却是宋神宗的年号,是个政治概念。元丰六年,是苏轼被贬到黄州的第四个年头。

对比之下,思考的张力就有了。有的学生说,这一天对苏轼肯定非常重要。我说:"大概吧!否则他为什么写得那么郑重其事呢?"有的学生说,他一定是思念自己京城的亲人和朋友了。我说:"也许吧!苏轼可是情感丰富、有真性情的一位诗人啊!"有的学生说,他是觉得自己被贬的时间太长了,一直希望皇上能召自己回去……我说:"可能吧!一晃竟然这么长时间了!他一直渴望'西北望,射天狼',可是'何日遣冯唐'呢?"

针对写月景的句子,我设计了两次比较活动:一是通过修改,和原句比,理解原句"错觉+顿悟"的惊喜之情;二是和《岳阳楼记》中写月景的句子比较异同,体会写法和景物特点。

第一次比较,学生通过分析丰富了对这个句子的理解。有的学生说,苏轼知道院子里是月光,不可能是"积水空明",更不可能是"藻荇交横"。他是先故意这样说,然后再告诉读者真相——"盖竹柏影也"。这是和读者开玩笑呢!

呵呵,这简直是"神解",苏轼是幽默大师啊,别人眼中无聊、无趣的事物,他也能悟出生活的真味、趣味。他是先假装不明白,再捂着嘴说,逗你玩呢!这既是对读者说的,又是对自己说的。

第二次比较,请学生说出异同。有的从内容,有的从写法,有的从特点,还有的从作用上分析,远远超出了我的预期。

课后回忆起这些课堂片段,感觉都归功于比较法。比较法真是一款深度理解的利器。

学习《与朱元思书》,学生分享了自己批注的文句,"负势竞上,互相轩邈",是拟人手法,又化静为动,写出了山的灵动和高峻。我问:"你还读过这样的句子吗?"最后我们想到"山舞银蛇,原驰蜡象"。作者在内心愉悦,甚至心情豪迈的时候,静止的景物在笔下就不自觉地动起来了。

学生分享了写水的句子,比喻、夸张、静态、动态、正面、侧面、清澈、湍急都说到了，我再顺势引入一个比较：同样写水，另一个作家似乎更自信，他只从侧面写，只字不提水，但是水的清澈就在眼前。学生马上就想到《小石潭记》，于是教室里师生不由自主地齐诵起来："潭中鱼可百许头……"

学生分享了"从流飘荡，任意东西"，说这是一次自由的旅行，没有目标，没有压力，漂到哪儿算哪儿。我补充说，这大概是人的生命最舒展、最惬意的时候，也是人融入自然，放飞心灵的时候，这是不是让你想到了《核舟记》中的描写？"舟尾横卧一楫"。大概苏轼泛舟赤壁的时候，也是这种境界和感受吧。

最后，我总结说，当你期望自己对一篇文章深入理解的时候，你可以试试比较的办法，既可以是相同点的比较，也可以是不同点的比较。同一个内容，谁还写过？怎么写的？同一个作家在这篇文章中这样写，在那篇文章中为什么却那样写？等等。比较一旦形成，理解自然就深入了。

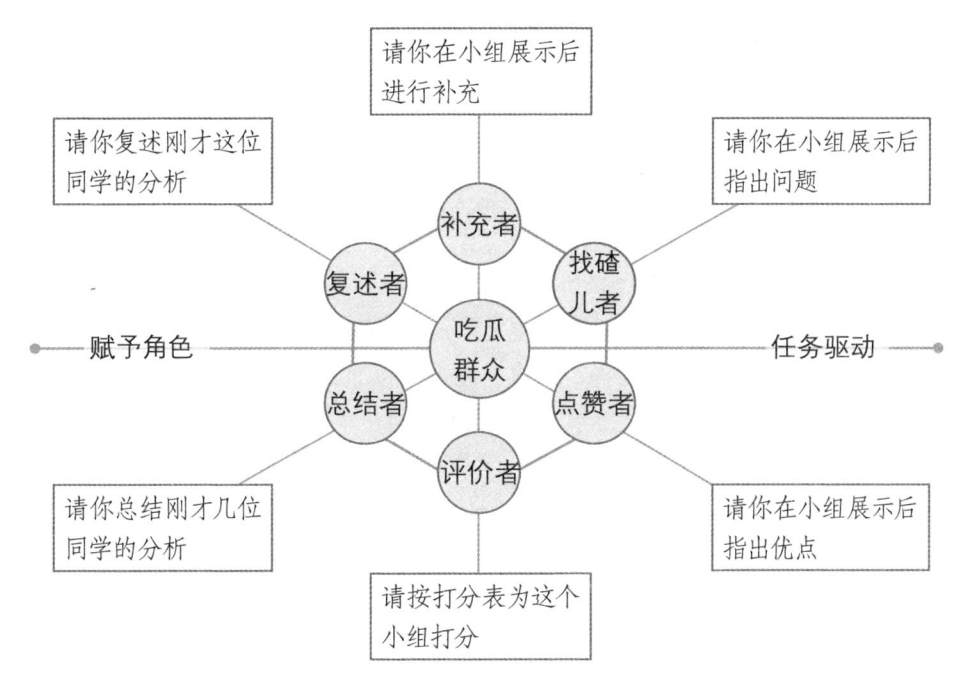

怎样减少课堂里的"吃瓜群众"

所谓课堂里的"吃瓜群众",就是那些在课堂里无所事事、懒得去想更懒得去做的学生。

减少吃瓜群众,对症下药的办法就是八个字:赋予角色,任务驱动。具体地说,就是赋予学生六种不同的角色和任务(见图1)。

图 1 怎样减少课堂里的"吃瓜群众"

复述者 —— 讨论之前，教师告诉学生："讨论之后，我会请你复述刚才这位同学的分析！"这句话，自然会促使所有同学认真倾听，尤其是那些"事不关己，高高挂起"的"吃瓜群众"。

总结者 —— 讨论之前，教师告诉学生："讨论之后，我会请你总结刚才几位同学的分析！"这个任务要比单纯复述复杂得多，不但要倾听、甄别每位同学的分析，还要对其进行筛选、整合、排序和表达。

评价者 —— 一个小组展示时，其他小组最容易成为"吃瓜群众"，最好的办法莫过于让所有学生都成为"评价者"。教师可以根据展示内容的特点制定评价指标，并让全体学生参与评价，也可以给每个小组（或每个学生）以一定量的投票权，展示结束之后再公开投票。

点赞者、找碴儿者、补充者 —— 小组展示前，请所有小组的组长抽签决定自己小组的角色。"点赞者"要进行肯定、表扬，"找碴儿者"要指出不足和疏漏。同样，抽到"补充者"的小组，要做的事情就是在其他小组展示后进行补充、完善。

因为有了自己的角色和任务，课堂里的参与者和思考者便会逐渐多起来。

在生活和活动的真实情境中学习

期末考试尘埃落定，又到了讨论假期作业这个话题的时候了。

我偶然找到了过去学生做的几份语文寒假作业，觉得还有些意思。

先看第一份作业——《我为新房写对联》。

买纸，裁纸，书写，张贴对联，大多成了记忆中的往事，现在每到过年的时候，我们只能面对各种精致的印刷体徒自感叹传统文化的消逝。可这个学生为什么写得那么投入、那么认真呢？

这是一份多达1200字的活动记录。以下是内容节选：

在大人们的鼓励和夸奖下，我和妹妹一口气写了六副对联。即便小手都冻僵了也没停笔。爷爷连忙找胶条，和爸爸、叔叔一起高兴地粘贴起来。乡亲们来串门，他们就争相向对方介绍对联的来历，那自豪劲甭提了，夸得我们都不好意思了。

这次写对联，我最大的收获是，亲自动手动脑编写对联，不仅自己长了知识，还给所有人带来了快乐！不过，我觉得还有些不足，觉得"舞"字还不大押韵，但是想不出更好的了。以后我要多多学习古人编对联的诀窍，争取编出更好的对子来。（北京市十一学校学生杨琢）

这样的努力，这样的评价，这样的收获，这样的反思，是学生在课堂和学校里所没有的。我们深感真正的学习往往存在于真实的生活中，这是课堂学习永远无法做到的。

再看第二份作业——《年夜菜：四季如春》。现摘引一段文字说明如下：

我本人对葱姜蒜"三大将"可是十分厌恶,今天面对它们仨,我可费尽了功夫。剥蒜时,那味道简直受不了,我差不多是憋着气剥完的。在切它们的时候,也呛得要命。唉,就算是再讨厌它们也没有用,谁叫它们是做菜的必备法宝呢!(北京市十一学校学生刘沛松)

第三份作业,是点评当年的一个春晚节目——《冰与火》。

我看到这个节目时,眼前一亮,同时又产生了一些疑问:以我现在的物理学知识来看,他们做出的有些动作是反力学的,他们是如何做到的呢?……

十年,这个数字让我足足惊讶了一分钟。十年,我们也许已经从小学读到高中;十年,我们也许已经从什么都不会变得知识渊博;十年,我们也许已经从一个普通的小职员升到公司的高层;十年,我们读了多少本书,听了多少张CD,进了多少次考场,喝了多少杯咖啡……可他们,坚持练这一个动作练了十年。正因为他们的坚持不懈和努力奋斗,才有了今天我们看到的这个无与伦比的精彩节目。(北京市十一学校学生张梓涵)

第四份作业,你猜猜这位学生做了什么?

那是我人生中与家人共进年夜饭时第一次重要的演讲。当时我真的不想选择它作为我的寒假作业。可好奇心与自信让我改变了想法!我没有准备演讲稿,因为我想看看我能否急中生智,以及我的现场发挥能力是否够强。年夜饭上,我很紧张,很胆小,但我还是站起来,开始了我期待已久的"第一次感恩演讲"。我本以为大家都会笑话我,但我错了。虽然声音有些小,但是大家似乎字字句句都听得清楚。演讲完后,大家掌声连连,不断地夸我真的长大了。我也感觉我长大了,那一刻,真的很自豪!当我把活动记录交给老师时,真的有些犹豫,很是舍不得,那毕竟是我的第一次啊!才发现改变自己才会寻找到真正属于自己的勇气与自信!(北京市

十一学校学生王怡然）

猜到了吧？这写的是在年夜饭上，面对亲人发表感恩演讲后的感受。

以上作业，都来自这样一份语文寒假作业设计。

以下内容五选一，上交活动记录一篇，字数不限，可配图片。其中"优秀"等级包含"合格"等级的要求。

1. 尝试做一道年夜菜

吃年夜饭，是除夕最重要的民俗活动之一。请你通过家人的指导或自己的学习，给全家的年夜聚餐做一道年夜菜。

评价等级

合格：给菜起个个性化的名字，写出做菜的具体过程，适当引用家人的评价进行侧面描写。

优秀：对菜进行色香味的描写。

2. 发表一段感恩演讲

在年夜饭上，请你以"感恩"为话题说一段话。

评价等级

合格：围绕"感恩"这一主题演讲，并记下家人的一些反应。

优秀：情真意切，具有打动人心的力量。

3. 点评一个春晚节目

每年春晚节目都备受人们关注，会出现一些经典节目和台词，请你对某个节目或台词做一些点评。

评价等级

合格：先对节目或台词做一些简述，然后发表自己的观点。

优秀：观点深刻，有说服力，并适当展开由此及彼的联想。

4. 书写、张贴一副春联

贴春联是春节最重要的民俗活动之一。自己撰写并张贴春联，春节会过得更有意义。

评价等级

合格：自己书写并正确张贴，拍下春联图片。

优秀：春联内容原创，合乎规范。

5. 编发三条拜年短信

发送拜年短信是过年必不可少的活动之一。请为自己的亲友、老师、同学编写不少于三条短信。

评价等级

合格：短信内容原创，感情真挚。

优秀：切合对方身份，语言生动。

这份寒假作业的设计，以及后来的实施效果，带给我们很多思考。我们至少可以从这份寒假作业中提取出作业设计的三个要素。

第一，选择。要在学习目标的关照下，尽可能给学生提供丰富的选择性。选择，就是变大锅饭为自助餐，变大合唱为交响乐。这份作业，就特别注重选择性的设计，以适应不同学习层次、不同学习风格、不同智能倾向的学生进行个别化的选择。我们先是把语文作业设计成可选择的大板块，再在每个板块内设计多个可以选择的选项。选择性是实现教学个别化的一条途径。没有选择，就没有自由；没有自由，就没有真正的个别化。

第二，情境。作业设计要尽量在真实的、有用的生活情境中进行。语文不能总是心灵的远游，真实和有用的情境更有利于激发学生的学习热情。尤其是学生离开学校回归家庭和社会生活后的学习，为真实、有用的学习情境的设计提供了可能。以上的活动设计，紧紧围绕"春节"这一话题，选取吃年夜饭、看春晚、贴春联、拜年等四个真实情境，设计了"描写""演讲""点评""书写""编发"等五个真实活动。在活动中，学生一定能感到，语文也是一门有用的学科，一门可以帮助他解决实际问题的学科。

第三，评价。作业评价要和作业内容同时设计，同时发布。评价是诊断和校正，也是促进和指导，它不代表学习的结束，而是贯穿学习的始终。作业是风筝，评价就是牵动风筝的线。没有了线，风筝就会栽跟头。学习要能放出去，还要能收回来。评价，就是教师往学习目标上"收"的一种努力。在上面的活动学习中，我们把每项作业的评价分为合格等级和优秀等级，达到优秀等级的就会获得相应的加分。评价的语言力求具体，体现一定的操作性，力求体现诊断、校正和促进的功能。

不仅如此，评价还保证了作业的学科属性。比如，"尝试做一道年夜菜"，怎么确保这是一次语文学习，而不是一次厨艺展示呢？这时评价就起了大作用：

给菜起个个性化的名字 —— 高度凝练的概括训练。
写出做菜的具体过程 —— 清晰、具体的叙事训练。
适当引用家人的评价 —— 侧面描写的描写方法训练。
对菜进行色香味的描写 —— 多感官的立体描写训练。

再看其他四项活动设计：

发表一段感恩演讲 —— 现场演讲的口头表达能力训练。
点评一个春晚节目 —— 鉴赏、审美、表达能力训练。
书写、张贴一副春联 —— 书写能力，对联知识的真实运用训练。
编发三条拜年短信 —— 写作能力，简洁、连贯、得体的语言运用训练。

你可以从下面这份学生的作业中，深切感受到评价在作业设计中的导向作用。

我稳了心，开了火，下了油，动作十分连贯。我把油在锅中滚了滚，见已烧热，便下了豆腐和西红柿。顿时，"刺啦"声巨响，云烟四起。我用铲子在锅中翻炒了几下，便把炖肉放进锅中，继续小心翼翼地翻炒。要知道，豆腐那软家伙，不禁炒，稍不留神就会碎，影响美观，最好避开它。于是，我放了盐，加了水，盖了锅盖，用炖的方式既不破坏豆腐的品相，又能使豆腐更加入味。我背靠着墙，享受着从锅中溢出的那阵阵香味。时间差不多了，我打开了锅盖，尝了尝汤，抿了抿嘴，皱了皱眉，自言自语道："太淡了！"于是，我立即调整，把鸡精均匀地撒进锅内，又尝了一下，"好！"见火候已到，出锅！香味顷刻间飘满了每个房间。为了使它美观，我还撒了些香葱末。呵！你见那菜怎得白映红，红伴绿，令人垂涎三尺。白映红，雪中送炭心中暖；红伴绿，艳中取鲜更抒情。我端起菜，大步流星地走出厨房，把菜放在桌上，笑着说："在此，我祝大家日子过得团团圆圆，红红火火。"须臾，大家纷纷叫好，随即便举起碗筷，享用起来。"这豆腐做得好，色香味俱全，都来尝尝。"大姨夫边吃边称赞。老爸也来了学问，说："这豆腐油而不腻，不失清香；软而不碎，入口即化，妙哉！"听后，我便会心地笑了。得到了如此高的评价，我已经知足了。随后，大家有说有笑，边吃边聊，伴着窗外的鞭炮声，共同沉浸在一片欢声笑语中了。
（北京市十一学校学生贾孝谦《舌尖上的春节》）

评价能确保学生学习的每一步都落在学科性质的鼓点儿上。学科不同，作业的目标、落脚点就不同。我们年级布置的生物作业，也是借用年夜饭这一真实的情境，但是老师考虑的就不是描写菜名和色香味，而是"年夜饭中的生物多样性"。

什么样的课堂管理才有效

对很多教师，尤其是新教师来说，课堂管理是个很头疼的问题。那么，什么样的课堂管理才是最有效的呢？

什么是课堂管理

百度百科这样解释：教师为了有效利用时间、创设良好的学习环境、减少不良行为而采取的各种活动和措施。它包括人际关系管理、课堂环境管理、课堂纪律管理等方面。其实，课堂管理的内涵还要大得多。

先看关于课堂管理的三个认识误区。

第一个认识误区：课堂管理意味着控制，控制意味着学生失去自由和自主。

错。可以这样说，没有有效的管理和适度的控制，就没有自由和自主。

第二个认识误区：课堂管理就是设计好课头和课尾。

错。课堂管理伴随教学过程的始终。甚至可以这样说，教学还未开始，课堂管理已开始；教学已经结束，课堂管理还未结束。

第三个认识误区：教师的精力应该放在教学上而不是课堂管理上，优秀教师也看不出在进行课堂管理。

错。没有课堂管理就没有教学。甚至可以这样说，有时课堂管理大于教学，有时课堂管理本身就是教学。优秀教师也是这样，只不过没有露出痕迹而已。

接下来，我们走进一间学科教室，看看那里发生的故事。

课前篇

教室里，学生把书包放在课桌上或身边后，轻松地说笑、打闹……"交作业啦！交作业啦！"教学助理总是很负责地、不厌其烦地提醒学生，并在走廊里收作业。这时，预备铃响起，学生拉开书包取学习用具，教室里渐渐安静下来。

教师说："今天是小组换位置的日子，怎么忘啦？"学生恍然大悟，很兴奋地拎起书包，寻找新的位置。一个小组因为记错了位置，和另一个小组争执起来。

我们不禁要问：学生来到教室，为什么不能安静地做事？学生交作业为什么还要靠别人反复催促？学生为什么到铃响后才想起来准备学习用具？学生为什么普遍不记得换位置的规定？

课上篇

第一个环节是诊断。屏幕上显示的便是今天要讲的题目。教师开始忙碌地发裁好的纸条，然后是学生抄题，做题。

接着是复习。教师提出了上节课需要掌握的十个问题，然后请一位学生逐个回答前九个。没被提问的学生松了一口气，开始走神，甚至有人窃窃私语。

第十个问题太重要了，教师打算重点检查一下，问："会的同学请举手！"几个学生早憋不住了，举手要求回答。

我们不禁要问：为什么教师要上课后再发纸条，还让学生抄题？为什么要让一个学生一口气回答九个问题？"会的同学请举手"，不会的学生怎么办？

下课篇

每次下课都让教师心烦意乱。铃声还未响，有的学生就开始收拾书包；铃声一响，有的学生就站起来……教师只能提高音量加拍手，把最后很紧要的话说完。

学生离开后，教室又恢复了平静。教师开始收拾横七竖八的桌椅，捡起不知谁丢在地上的饮料瓶。

我们不禁要问：为什么教师未宣布下课，学生就提前进入了下课状态？教师在"提高音量加拍手"的情况下，说"很紧要的话"效果怎样？学生为什么离开教室时，忘记了要对自己的行为负责？

怎样进行有效的课堂管理

其实，我们已经立了很多规则。比如：

三分钟预备铃响时要进入教室。
进入教室做三件事：准备用具、上交作业、安静坐好。
课前三个"准备"：用具准备、心理准备、预习准备。
不动笔墨不读书。
老师宣布下课后才可以收拾书包。
离开教室时桌椅要恢复原状。

可问题是，为什么这些规则被执行时经常半途而废、不见效果呢？

有效课堂规则的五个特征

研究了很多规则后，我发现有效的课堂管理规则往往具备五个特征。

第一，可以口头表述。规则一般是从便捷、高效的口耳传播开始的。只可意会，不可言传的东西不大容易形成规则。

第二，简明容易记忆。简明的语言更容易传播，也更容易让受众记住。冗长、烦琐的表述往往不会有好的管理效果。

第三，稳定从不变化。规则一旦公布和传播，就不再发生变化，今天这样，明天还是这样。经常发生变化的规则，往往不会有好的管理效果。

第四，能讲出为什么。让人知其然，又知其所以然的规则，更容易让受众发自内心地接受和遵守。讲不出为什么的规则，往往不会有好的管理效果。

第五，反复巩固评价。评价即反馈，反馈有及时性和反复性的特点。反馈越及时效果越好，还要坚持不懈地重复进行，直到规则被遵守为止。

下面来看四个不同场景中的规则是怎么被遵守的。

场景一：公交车是怎么训练人刷卡的？

你上了公交车，听到最多的语音提示是上下车均需刷卡，否则将被认定为不完整交易，会按照上车站到末站间最远距离扣除票款，且不享受折扣。这条规则，口头表述、不难记忆、从不变化、反复巩固，除了不给你讲为什么这么做之外，其余都符合有效管理的特征。

管不管用，坐一次公交车就知道了，谁都是乖乖地刷卡。有扣钱的评价在那儿，谁和自己的钱过不去啊！

场景二：超市是怎么管理购物车的？

过去在超市，购物车总是乱放，不管是超市里边，还是超市外面的大街上，到处都是购物车。顾客买着买着也许改主意了，也许感觉提着购物筐更方便，或者突然看上一辆新的购物车了，结果就是把原来推的购物车丢弃后扬长而去。

后来新开的超市就解决了这个问题。购物车摆放得整整齐齐，更重要的是，都是顾客自己自觉地放回原处的。

怎么解决的呢？原来是这么一个方法：嵌入1元硬币，就可以开锁取车；把车锁上，才能取回那1元硬币。因为车里有自己的1元硬币，车就和人连接或是说"捆绑"在了一起。在顾客心中，车就不再只是超市的车，还是"我的车"。一个规则能做到"成就彼此"，可谓到了一定境界。从此，超市不再为摆车发愁，只需要一个工作人员在入口处提供硬币就可以了。现在又进化成扫码取车了。

为什么是1元硬币，而不是1分、1角、5角的硬币呢？因为这几种硬币使用频率低，不大常见，更重要的是，这些硬币价值偏小，不能避免随意丢弃的现象。有的人认为，1分、1角、5角硬币还算钱？用也用不上，正想扔呢！就放购物车里，让超市工作人员替自己扔了吧！至于为什么不选面额再大点儿的，比如5元、10元的纸币，我想一是使用纸币取车有技术困难；二是钱多了，可能会引起顾客的反感和戒心。1元硬币，恰如其分，不多不少。

场景三：苹果电脑是怎么训练人正确拔出U盘的？

过去用电脑，我用完U盘总是随意地拔出来，因为没有体验过这样做对U盘或电脑有什么危害，所以成了一种习惯。后来改用了苹果笔记本，就不行了，因为如果直接拔出U盘，没有先"退出"U盘，屏幕上马上就会有提示。

更"过分"的是，如果你不主动点击提示上面的"关闭"，它就一直在屏幕上挂着。你点击"关闭"，其实不就等于你向它承认错误了吗？对不起，我错了，下次再不这样做了。这是提示，更是评价的力量。

场景四："三立堂"是怎么培养学生不把饮料带进教室的？

"三立堂"是我们年级梦梦老师的学科教室。她在教室门口放了一张小课桌，上面贴了"无糖教室"的提示语。看到这张小桌子，进入教室的学生就会自觉地把饮料拿出来放在上面。除了水不含糖，谁敢说其他饮料不含糖？可谓无声胜有声。这就是教育。

我想，第一瓶饮料很重要，因为有了"第一瓶"的暗示，放第二瓶、第三瓶饮料的行为就变成自觉化了。为了做出这个暗示，甚至教师先在桌子上放上一个饮料瓶都很有必要。

指导程序比强化纪律更重要

美国教育专家黄绍裘说，相对于纪律，优秀教师更看重的是制定有效的课堂教学程序和惯例。两者的区别在于，纪律规范学生的行为，程序告诉学生如何把事情做好；纪律涉及处罚和奖励，而程序则不会。

看来，还有比纪律和规则更重要的事情，那就是——为最关键的规则写出步骤和要求，从而形成默契的惯例。

比如，这样做，让孩子 5 秒内安静下来 ——

一句话工具："大家数到 5！"

《像冠军一样教学——引领学生走向卓越的 62 个教学诀窍》这本书被誉为美国的"教学圣经"。书中介绍的 62 个教学诀窍，有很多就是关乎课堂管理的。

其中，"技巧 49 战略性投资：从程序到惯例"，介绍了形成惯例的五种办法：给步骤编号、示范与描述、模拟练习、转变主导权和公开支持。

①给步骤编号。教师把程序拆分为少量分开的步骤，并为其编号。例如，你教学生如何从座位上起身去排队。你可以这样说："我喊'一'的时候，请站起身来并将椅子收进去。我喊'二'的时候，请转过身对着门。当我喊'三'的时候，请跟着队伍的组长走到排队的地方。"一旦这样做了，你在提示步骤时只需喊出它的编号即可。

②示范与描述。教学生完成程序的最有效的办法是对程序加以描述，并展示给学生看。这两件事会在视觉上形成路线图，供学生依样画葫芦，并围绕此程序形成常用语言。

③模拟练习。为了真正掌握程序，既要让学生大量练习，又要及时地对执行情况做出反馈。你还可以故意让练习变形，降低其现实性，以便重点关注技能的培养。

④转变主导权。一旦学生学会完成程序的正确办法，你就可以将责任的接力棒传给学生。这样就能赋予学生更大的成就感、独立感以及对课堂结构的主导权。

⑤公开支持。对表现优秀或展现出优点的学生提出公开表扬。

还有比指导程序更重要的

能让你的课堂长治久安的，还不是指导程序。准确地说，指导程序特别适合的是你接手一个新班级，或是建立一个新规则时。等师生都已熟悉或新规则建立起来以后，教师还要有更高的追求。

那么，这个比指导程序更重要的是什么呢？如果你曾经被法国电影《放牛班的春天》中的音乐教师马修，或是美国电影《死亡诗社》中的文学教师基廷深深打动，那么你就找到了答案。

就管理说管理，话题还没说到最根本处。课堂管理，最终依靠的是文化的力量，即学生在你的课堂上到底经历了什么，学到了什么，而不仅是技巧和程序。否则，你制定再严格的规则、再完美的程序，也很快会坍塌。不管是音乐教师马修，还是文学教师基廷，他们都不是（或不需要）管理学生的行为，而是着眼于领导学生的内心。这才是课堂长治久安的根本。

具体地说，让课堂管理更持久、更有力的是——

第一，你的课程和课堂有足够的吸引力。

第二，你和学生建立了平等、和谐、信任的师生关系。

第三，你的人格魅力。

要补充说明的是，一般情况下，基本规则的建立、关键规则的惯例是不能逾越或省略的。文化是长治久安的力量，有时并不能代替指导程序、形成惯例等技巧的作用。

有效课堂管理的五个台阶

现在，我们可以总结一下有效课堂管理的五个台阶（见图2）。

图2 有效课堂管理的五个台阶

我们要从单向的纪律约束走向共同约定的规则，用反复指导的程序让关键规则形成惯例，从而和发生在教室里的课程、课堂、师生关系以及教师的人格魅力一起，外显为一种默契有力的课堂文化。

会的同学请举手

课堂现场往往有很多有意思的细节，有时候，即使只是一句话、一个词，也很耐人寻味。

会的请举手，不会的呢

文言文复习课复习的重点当然是文言知识的落实，教师把重要的知识点转化成解词、译句和默写，用大屏幕显示出来，然后对学生说："会的同学请举手！"经过短暂思考，开始有学生举手。提问、回答、点评；再提问、回答、点评……一切似乎都正常不过，不需要什么思考和追问。可是我在看到不少学生的表现为木然和观望时，感觉"会的同学请举手"这句话就变得经不起推敲：会的请举手，不会的怎么办？

这绝不是吹毛求疵。如果我们只把目光投向那几个"会的"学生，就会忽略更多"不会的"学生。其实，我们把那几个"不会的"学生教会了，甚至是"逼"会了，才显出我们的本领，也正是复习课存在的价值。不然，会的还是会，不会的可能还是不会，要复习课何用？要我们教师何用？

原来已经会的学生暂且不去管他，我们来分析分析那些不会的学生。首先，他们没压力。因为"会的请举手"，那么"不会的就可以不举手"。其次，没保证。不会的学生，学习的手段就只有"听"。听别人说了一遍，即使可能当时会了，也仅是"可能"而已。这种道听途说的记忆，很难说能保持长久，更别说什么切身体验了。会与不会，记得长不长久，他们自己糊涂，教师心里也不清楚，复习的有效性大打折扣。

"会的同学请举手",是以"会"为起点,以"会"为终点,是原地踏步,指向的是个别;而教学需要的却是由"不会"到"会",是查漏补缺,指向全体。

复习课如此,新授课亦然。教学需要一个起点、切入点,但这个点决不应该每一次都是"会的请举手"。

教什么永远比怎么教重要,是教学规律。请谁举手,不仅是教师对教学对象的选择问题,也是对教学内容的选择问题。"教什么",对语文教师来说尤其是一个挑战。

如果教师不能使学生从不懂到懂,从未知到已知;如果教师把学生的已知当作未知,视其未知如不存在,将人所共知的、现成的、无须理解力的、没有生命的知识反复唠叨,那就白白浪费了学生的生命。

可现实却是,语文课堂上,教师教了学生不感兴趣的知识,教了作为读者连自己都不关注的知识,教了没有用的知识,教了学生自己能弄懂的知识,教了文本共性的非个性的知识。相反的就是"没教什么":没教学生感兴趣的知识,没教作为读者肯定要关注的知识,没教更多有用的知识,没教学生自己弄不懂的知识,没教文本个性的非共性的知识。

其实,很多学科、很多老师、很多课堂,都是这样。看似无意的一句话,反映的却是教育理念;看似偶然的一句话,反映的却是当前整个教学的弊病。就这么一句话,简单,又不简单。

关于教学的着力点

还有分析的余地。除了像上面那样向现象的背后做纵向的开掘,还可以沿着现象的平面做横向的思考——想一想教学着力点的问题。我们来看三个人不同的处理方法。

第一个是教育家苏霍姆林斯基。他介绍了一种运用练习本检查作业的方法,上课时教师有针对性地对学生前一天所学的知识出一些题目,请学生做在练习本上。教师不让学生到黑板前做题，而是观察每个学生的做题情况。这样既使教师简便地获得了学生对知识的掌握情况，又使每个学生独立地完成学习。

第二个是特级教师钱梦龙。他执教一篇说明文时，要求学生把课文看一遍，然后根据课后练习题的要求想一想：练习题要求掌握的哪些知识老师可以不教？学生发表意见后，钱老师又问学生："换个角度思考，你们认为要学好这篇课文，哪些知识还是需要老师教的？"经过讨论，师生一致认为，趣味性是这篇说明文的特色，这一点要教。课堂上钱老师还经常这样提问："对这个问题，一点儿想法也没有的请举手！"然后，他会耐心地把没有想法的学生教明白。我们惯于说"会的同学请举手"，钱老师却经常说"不会的请举手"。

第三个是我校的一位数学老师。在课尾的练习巩固环节，面对情绪高涨的学生，老师不急于提问，而是提出了一个要求："等你们小组所有成员都会了，才能举手回答。"

一般的处理可能是抢答——看哪一个小组最先举手，特别是在某些公开课的背景下。也就是说，我们总是有意无意地过分关注学生的思维敏捷性，看谁最先对教师的问题做出回应。细想起来，这样做的直接后果，就是只培养了极个别的学习尖子，而忽略了大多数普通学生。

在这些学习尖子思想的比照下，更多的学生思维陷入了停滞，直至沦为了课堂的看客。即使是在小组学习的形式下，他们也总是习惯于把眼光投向优秀的同伴，自己甘居一隅，小组成了他们最安全的避风港。如果教师的关注点不只在"会的请举手"，而是在"所有成员都要会"上，那课堂就会向"消灭不会"的方向发展——而且是小组内自主发现、积极主动地"消灭"。

这位数学老师的话音刚落，果然所有小组都争先恐后地展开了"自救"行动——会的教不会的，教得积极，学得投入，老师倒成了"闲人"。而且在荣誉感的驱使下，学生学习的效率和质量大大提高。我很想借用一部电影的名字给这个细节命名——"一个也不能少"。

教师的教学话语方式，关涉以一种什么样的姿态去与学生相遇。

细节非"小节"

我们的课堂上每天都上演着耐人寻味的教育细节，表面上好像不需要思考，甚至天经地义，其实，往往经不起推敲和追问。

比如，"给我"句式。提出问题后，有的教师会对学生说："我给你五分钟。"时间一到，教师说："请你给我说说。"学生答非所问时，教师又说："我问什么你给我说什么。"还有的教师在布置作业后，经常这样严肃地对学生说："请你给我认认真真地写下来！"

请问：课堂和学习的主人到底是谁？时间到底是谁的？是教师在学还是学生在学？是学生在为自己学还是在为教师学？教师应该以学生的"学"为中心还是以自己的"教"为中心？

比如，"谢谢"句式。公开课下课铃敲响，教师彬彬有礼地对学生说："谢谢同学们！"还有的说得更为"具体"："谢谢同学们的合作！"

请问：为什么要"谢谢同学们"甚至是"谢谢同学们的合作"呢？课堂上是学生为教师服务，还是教师为学生服务？如果是后者，那应该是学生谢谢教师。我想，恐怕这些教师骨子里的思想还是以自己为主：下课铃响，"表演"完毕，警惕性也就随之放松，于是脱下"为学生服务"的外衣，"现出原形"了吧。

言为心声。教师的这些语言，是有意也好，无意也罢，都是教师以自我为中心意识的暴露或残留。教师随口说出的一句话，体现的是自己的教学理念。教师不经斟酌的课堂语言，会使师生走在"低效"甚至"无效"的路上。

细节非"小节"。看似平常，而平常中蕴含智慧；看似简单，而简单中孕育深刻。关注细节，其实就是关注教学行为的改变，就是关注新课程理念的落实，就是追求教学实践的智慧与艺术的统一。

请关注细节。

如果让语文老师去放牛

十几年前读过朋友张西海先生写的一篇教育寓言,当时看得直冒汗;现在再看,仍不能置身事外,所以一直谨记在心,提醒自己不要做这样的语文老师。

如果让语文老师去放牛

张西海

如果让一位语文老师去放牛,他会拔起一根青草,向着牛群不停地发话:

"这是什么草?注意,不要乱说——举手回答。"

"你们以前吃过这种草吗?想不想吃?"

"好,快速地嗅一嗅,告诉我它的气味。"

"仔细观察它的样子,看看能分几段,每段的作用是什么?"

"告诉我你这样分段的理由。"

"各段交换位置行不行?比如把根和梢换过来?"

"下面,慢慢品尝,仔细咀嚼,用心体会,谁能说出它的味道好在哪里?"

"通过刚才对草的认识,你有什么感受?比如,造物者的神奇与美妙;比如,小草的平凡而伟大。"

"在这种感受的基础上,你决定将来怎么办?比如,更加热爱大——自——然,吃的是草,挤出的是——奶和血。"

"下课后,你们不必吃青草。昨天我用了整整一个晚上,拣最肥壮的草洗净,烘干,切成了可口的饲料,分别压在第一个石槽底下,埋在第二个铁槽附近，吊在第三个木槽的上方。我相信，只要大家使出牛劲，爱钻牛角尖，就一定会吃得又饱又好。"

结果，许多牛都给饿死了。

语文老师还在感叹："真是对牛弹琴！"

（原载《山东教育》2001年第25期）

文章虽是虚构的，但其中蕴含的丰富、深刻的教育隐喻却让人深受启迪。我们需要构建什么样的课堂呢？

《北京市十一学校行动纲要》中说："课堂改变，学校才会改变；课堂高效，教育才会高效；课堂优质，学生才会卓越；课堂创新，学生才会创造；课堂进步，教师才会成长。"

教育家冯恩洪老师说："课堂不应该让学生'难受'，而应该远离'忍受'，走出'接受'，走进'享受'。"

课堂的重要性无须赘述。先看学生眼中最理想的语文课——

我理想中的语文课，应该是尽可能地让每一位同学都有发言的机会……当同学的想法碰撞出思维的火花时，整个课堂就会变得愈加精彩，再也没有溜号的现象，课堂就会变成一个让大家向往的快乐所在。（北京市十一学校学生扈灵嫣）

我以前看影片中常常有这样的画面——老师在讲台上滔滔不绝、津津有味地说，学生则在底下痴痴呆呆、无精打采地听，然后左耳进、右耳出，下课铃响，学生什么都没记住。显然，这样的课堂是最没有价值的。不仅老师白费口舌，浪费时间，而且学生也没有听懂，所以，课堂的互动是最重要的。（北京市十一学校学生王琼曼）

二十多个同学围成一圈，待老师提问完课上的内容，便开始各自学习，老师则坐在一旁，静候学生提出问题。大家互相讨论，谈各自的看法，专注于课堂之中。这时，一个同学兴奋地站起来说。你看他手舞足蹈、口若悬河的样子，活像个演讲家。其他同学也眉飞色舞，拍手称是。当然，课不总是一帆风顺的，也有反对的意见出现。因此，他们常因一个问题而争论不休，局面僵持。这时，老师站了起来，笑着说："你们看，如果这样……""哦！明白了！"听完老师的点拨，大家纷纷叫好，又回到激烈的讨论之中。老师笑了。虽然整个课堂十分热闹，但老师不予理睬，因为他知道，那是思维碰撞出来的火花在作响，那是知识优美的歌声在飘扬，那是智慧的结晶化作雄鹰在空中翱翔。（北京市十一学校学生贾孝谦）

这让我不由得想到了《麦田里的守望者》里的一段话：

我将来要当一名麦田里的守望者。有那么一群孩子在一大块麦田里玩。几千几万的小孩子，附近没有一个大人，我是说——除了我。我呢，就在那混账的悬崖边。我的职务就是在那守望。要是有哪个孩子往悬崖边来，我就把他捉住——我是说孩子们都是在狂奔，也不知道自己是在往哪儿跑。我得从什么地方出来，把他们捉住。我整天就干这样的事，我只想做个麦田里的守望者。

虽然这段话与学生的表述不同，但是渴望表达、对话、互动的课堂形态，渴望自由、平等、民主的教学氛围，渴望自己自主学习、老师适时而出的师生关系却是相同的。他们渴望和老师一起去创造好的课堂。

北京市十一学校学生唐逸航说："好的语文课是老师和同学一起创造的。"

教与学应该是一种什么关系

语文教学的起点来自学生，教学必须从学生的心灵扬帆起航。不让牛吃草，代替牛吃草，都是错误的。

我们坚信，自主学习是学习的理想境界、最高境界。语文素养不是教师教出来的，而是学生自己读出来的，学出来的，悟出来的。把大量的时间真正还给学生，让牛自己先吃草，吃原生态的未经加工的草而非饲料或胶囊，生本课堂才不会沦为空谈。

《北京市十一学校行动纲要》里有这样的表述："学生能做的，老师不要包办。""课堂是学生学习的地方，是学生的舞台，并非老师展示自我的地方。减少讲和听，增加说与做。"

学生学什么，怎么学，学到什么程度

我们逐渐认识到，语文教学需要设置一个边界，更需要设置一个底线。

过去，我们经常说语文的范围和生活相等，所以语文学习往往没有边界，离了老师，学生不会学语文。现在，语文教师应该教什么，教到什么程度，学生应该学什么，学到什么程度，都应该有一个明确而具体的界定。比如，阅读文章或是写作文，如果教师不清楚教什么，不清楚教到什么程度，不清楚写到什么样子就可以了，就往往会不断地无限制地主观、武断地提高目标。学生明明努力后达到了，理解了，可是老师的要求和目标出其不意又提高了；学生明明跳一跳，要够着了，但老师的要求一提高，学生再跳，就够不着了，就不跳了。语文教学给学生的感觉，就是永远看不到尽头，品尝不到越过高山之后的喜悦。

《北京市十一学校行动纲要》中说："学生已经会的不讲，学生自己能够学会的不讲，讲了学生也不会的不讲。"

有了抓手，学生离开教师也能自读，因为他们知道读什么、怎么读、读到什么程度。我去美国学习时，我负责的两个班，一个班完全自主学习，另一个班由其他老师代课，后来进行单元诊断，结果两个班的成绩没有什么差别。

教师教什么，怎么教，教到什么程度

第一，补充。比如，学习《从百草园到三味书屋》时，在学生畅所欲言、充分表达之后，我补充出示了以下三段话，要求分析画线的词句。

<u>有人说</u>，何首乌根是有像人形的，吃了便可以成仙，我于是常常拔它起来，牵连不断地拔起来，也曾因此弄坏了泥墙，却从来没有见过有一块根像人样。

我很想详细地<u>知道</u>这故事，但阿长是不知道的，因为她毕竟不渊博……

我才<u>知道</u>做学生是不应该问<u>这些</u>事的，只要读书……

然而同窗们到园里的太多，太久，可就不行了，先生在书房里便大叫起来：

"人都到那里去了？！"

人们便一个一个陆续走回去；一同回去，也不行的。

为什么要选这三段话，因为凭学生的阅读能力，他们往往是读不出什么问题，很容易滑过去的。

第二，强化。课堂对话，教师要致力于带领学生走进文本深处。比如，学习《爸爸的花儿落了》时，讨论"我已不再是小孩子"，从哪些地方可以看出来？

生：老高，我知道是什么事了，我就去医院。我从来没有过这样的镇定，这样的安静。"镇定""安静"，说明英子长大了。

师：镇定、安静，该读出什么样的语气？请你读一遍。（生读文）

师：请你在老师的提示下朗读。我从来没有过这样的急躁，这样的慌乱。读——

生：老高，我知道是什么事了，我就去医院！

师：我从来没有过这样的悲伤，这样的无助。读——

生：老高，我知道是什么事了，我就去医院……

师：我从来没有过这样的矛盾，这样的犹豫。读——

生：老高，我知道是什么事了，我就去医院？

师：我从来没有过这样的镇定，这样的安静。读——

生：老高，我知道是什么事了，我就去医院。

师：不是焦急的叹号，不是无助的省略号，不是矛盾的问号，而是镇定、安静的句号。一起读——（生齐读）

第三，校正。比如，学习《从百草园到三味书屋》时，我们讨论先生是一个什么样的老师时，学生提到了下面这段话：

然而同窗们到园里的太多，太久，可就不行了，先生在书房里便大叫起来：

"人都到那里去了？！"

人们便一个一个陆续走回去；一同回去，也不行的。他有一条戒尺，但是不常用，也有罚跪的规则，但也不常用，普通总不过瞪几眼，大声道：

"读书！"

学生的结论是先生很宽容，不严厉，根据是不常用戒尺和罚跪。这个理解对吗？既对又不对。但这却是学生最真实、最原初的理解，是最宝贵的教学资源，是教学的起点。语文教师的作用就在于使学生的理解由片面到全面，由肤浅到深刻，由一望而知到一无所知，再到恍然大悟。下面就是追问、调整认识的过程。

问题一:"不常用"改成"不用"行不行?学生开始关注细节,说不行,"不常用"不等于"不用",原则问题先生不放弃,还是要用戒尺和罚跪的。

问题二:老师再问:"人都到那里去了?!"是不是一种非常生气的语气?经过讨论,学生开始关注这个句子,"人们便一个一个陆续走回去",是"走回去",而不是"跑回去",说明孩子们知道先生并没生气。老师再问:"这个句子改成'人们便一个个陆续走回去'行不行?"学生说,"一个一个"比"一个个",速度慢、人数少、频率低,更能说明先生没生气。

分析还未到尽头。问题三:"一同回去,也不行的",为什么?虽然先生能宽容孩子们跑出去玩,但是如果乱糟糟地回来,又不成体统。

由此可以得出结论:先生严厉决不苛刻,宽容决不纵容。鲁迅在三味书屋的生活是"亦庄亦谐,亦学亦玩"。

从教材编写到教学细目再到课程蓝图,从课内到课外,始终贯穿其中的,就是自主。教会学生学会学习,是我们的教育教学追求。

道是理念、规律和原则,术是解决问题的具体策略。教育有道亦有术,道和术皆不可轻视。

为什么很多时候我们的课堂教师一放就乱,就没有效率?那是因为学生在攀登台阶的时候没有脚手架,在获取知识、培养能力的时候没有工具。

教育需要价值观,也需要方法论和工具箱。教育缺的不是理念,缺的是把理念落地的工具、模型和脚手架。

有人说,高境界的教育是无痕的,但我要说,无痕的教育也是经人设计出来的。只不过手法高超,你感觉不出来而已。

探寻学习活动设计的奥秘

我们先来看一节课外文言文阅读课的学习活动设计。

活动一：抄课文。老师板书，学生抄写，比一比谁的字写得最漂亮。

活动二：加标点。给这篇没有标点的文章添加标点，比一比谁加的标点更恰当。

活动三：拟标题。给这篇没有标题的文章拟写标题，比一比谁拟的标题更恰当。

活动四：添注释。借助工具书，给重要词语添加解释，比一比谁的注释最准确。

活动五：设练习。提出自己的问题作为课后练习，比一比谁提出的问题最有价值。

活动六：写导读。给这篇文章写一段推荐的话，比一比谁写得最有吸引力。

六个活动做完，一篇课外文言文就出现在了学生手上。我们把这个活动叫作"我们一起编教材"。

这个活动设计体现了三个特点。

第一，没有提问，只有活动。整节课都是依靠活动任务驱动学生学习。

第二，学习的过程也就是活动的过程。这两个过程完全相等，活动的起点就是学习的起点。

第三，学生各展其才，又各个不同。在活动过程中，每个人都创造既属于自己又唤醒别人的作品。

学习活动的设计千变万化，但万变不离其宗。活动既是学生自主学习的过程，又是学生自主学习的作品。

那么，运用哪些关键策略才能让学生既能感受学习的过程，又能拥有属于自己的作品呢？

我们来看一个课例——《学问和智慧》。这是一篇谈学问和智慧关系的文章，是议论性的文本。学习目标一是理解文章严谨的论证结构，二是赏析形象的论证语言。以下是这篇文章的学习活动设计。

活动一：给句子找找家。要求学生把文章的六个段落和课外的六条名言一一对应起来。

活动二：让句子排排队。把文章第五自然段的七个句子拆开打乱，要求学生按照句子之间的逻辑关系重新排列。

活动三：帮句子美美容。老师告诉学生，刚刚排列过的七个句子是老师改写过的，直白抽象，已经不如原文形象。活动任务就是请学生改写这七个句子，看谁改写得更形象。

活动一就是整体感知文义，活动二就是理解文章严谨的论证结构，活动三就是赏析形象的论证语言。每一个活动都有不同的指向，活动一指向概括能力和理解能力，要能概括文章六个段落的内容，还要能理解这六条名言的内涵，然后才可能做出正确的对应；活动二指向理解能力；活动三指向语言鉴赏能力和改写能力。这三个学习活动是以学习目标为核心，以语言运用为主线，以语言素养的提高为目的。活动的壳加上目标的核，才是一个有效的语文活动。

由此我们可以得出以下学习活动设计的原则。

第一，符合课程的本质。每个课程的本质都不同。语文课程的本质就是语言文字，能力就是听说读写。如果一个老师不能坚守自己课程的本质，设计的学习活动就很难说是有效的。语文老师必须"把语文课上成语文课"

(黄厚江语)，语文课必须是这样的：贴着文本的地面，漫步在言语的密林，穿行在字里行间。

第二，坚守学习目标。如果文本的学习目标发生了变化，学习活动的设计一定会发生变化。

第三，依据文本特点。文本变了，学习活动的设计一定会发生变化。文言文文本和诗歌文本不一样，叙事性文本和议论性文本也不一样。如果我们给一个庄重的文本设计了一个诙谐的活动，也是不恰当的。

第四，立足学生实际。再回到《学问和智慧》的活动设计中，我们用还原的办法，通过对比之前的活动设计和它替代的学习任务，来深入探讨学习活动设计的内在规律。第一个活动是"给句子找找家"，替代的学习任务是：全文分为几个部分？每个部分写了什么？第二个活动是"让句子排排队"，替代的学习任务是：两个段落之间能否颠倒，为什么？这有点儿没事找事的味道。第三个活动是"帮句子美美容"，替代的学习任务是：找出你认为说理形象的地方，说说好在什么地方。总之，被替代的学习任务都是立足于文本之外、你问我答的线性传输，大多是一种印证式的浅阅读。前面所述的学习活动设计就不一样了，它是把学生置于文本之中，让学生进行深入体验的阅读。

学习金字塔理论告诉我们，不同的学习活动，学习内容的平均留存率也是不一样的。听讲的留存率只有5%，教授给他人却有90%。我们越来越发现，讲给别人听是一种非常有意思的学习活动。一位经常被老师安排给其他同学讲题的学生在随笔中写道："还有一些题，虽然我自己能够讲明白，但是无法让同学听懂。有一次给别人讲题，结果把自己讲出一堆问题来，迫不得已，又回去向老师请教，这才完全弄懂。"是什么原因让这位学生发现了自己的"一堆问题"？又是什么动力让她"回去向老师请教"？这个过程恰恰展示了她学习内容的留存率从5%到90%的过程。

我们可以得出这样的结论：活动不同，思维参与的深度不同；活动不同，学习的质量也不同。

再来看一个学习活动片段。文言文《核舟记》第三段非常重要，但是学生一学就迷糊，更不要说深入体会核舟高超的雕刻艺术了。于是，我们设计了这样一个学习活动，要求小组内三个人做静态表演，两个人口头解说，用表演加解说的方式再现"船头坐三人"的艺术形象。这个学习活动既指向理解能力，但理解绝不是简单翻译，又指向表达能力，静态表演是表达，口头解说也是表达。表达是理解的外显，又反过来促进理解，两者是相辅相成的。

活动现场，第一个小组很得意他们在"东坡"的头上加了一只杯子，当作"东坡"的"峨冠"。但是他们很快发现，第二个小组在他们的基础上做了改进，给"佛印"的左臂上加了一串念珠，他们的文本依据是"左臂挂念珠倚之"，给"东坡"和"鲁直"的膝盖上加了两件羽绒服，文本依据是"各隐卷底衣褶中"。第二个小组虽然吸取了第一个小组的教训，但是也出现了疏漏，就是忘记了东坡的"峨冠"和"多髯"。他们提交的学习成果很快又成了第三个小组学习和借鉴的资源。在这样的活动"场"中，学生的思维被深度激活：有的在阅读，有的在磋商，有的在指导别人，有的正被别人说服……

由此我们可以看出活动的优化有两个方向。

第一，活动有强弱之分，我们要用能调动更多思维参与的强活动取代弱活动。强活动，不是难度的增加，也不是肢体的活动。活，当是思维的活；动，应是思想的动。思维是课堂的中心，如果课堂不能调动学生的思维，再精彩的活动设计也是徒劳。

第二，追求活动的"场"效应，让每一个人都成为别人学习和反思的课程。让学习活动既成为学生创作作品的过程，又成为唤醒别人的过程。

学习活动设计的奥秘，还有很多课题等待我们去研究和发现：活动的细节处理、活动中的放与收、活动中的动与静、活动中的教与学、活动中的点与面、活动质量的评价、活动实施的策略、活动设计的局限等，这里就不赘述了。

课例研读：课堂学习活动设计的智慧

欣赏袁源老师的《〈金色花〉教学实录》，我不禁为她的教育智慧所打动。

把阅读教学转化成一个帮助同学参加朗诵比赛的真实语文活动，是这份实录最别致的地方。教师把身边的课程资源信手拈来，不着痕迹，学生置身其中全然不知，倾情投入。全班同学热情地"帮"玲玲朗诵诗歌的过程，其实就是深度地"帮"自己理解诗歌的过程。叶老有言，教是为了不教。而袁老师的不教，恰恰是最好的教。

这个语文活动有三个鲜明的特质。

真实性

这个活动具有绝对的真实性。玲玲这个孩子是真实存在的，她平时的表现是有目共睹的，在课堂这个真实的场景中全班同学对她的帮助是真实的，她的进步是真实的，年级开展朗诵比赛活动也是真实的，更关键的是，最后决定让玲玲代表班级参加比赛是真实的。

和这种真实的语文活动相比，我们很多语文老师设计更多的，往往是虚拟的活动，即凭借想象的方式，让活动在假定的身份和假设的场景中展开。当然，有时教师也会虚构一个什么活动，偶尔"哄骗"一下学生，学生虽心知肚明，但又不好戳穿，最后也能看似活泼地完成教学任务。显而易见，就活动的吸引力而言，这些都是无法和真实的活动相比的。这节课上全班同学的不遗余力，玲玲同学的竭尽全力，都是和活动的真实性分不开的。

教育性

"大家就不能帮帮她，让她也品尝到朗读的快乐吗？"这是起点；"希望大家彼此关爱，互相帮助，不让一个同学落于人后"，这是终点。起点是育人，终点是育人，过程更是育人。袁老师始终用育人的眼光关照教学，用自觉的育人意识支撑教学。我认为这是真正的语文教育，而不仅是语文教学。

根据实录，我们先来还原一下这个设计的创生过程。首先是袁老师班上有一个叫玲玲的孩子，她"是一个腼腆的女孩子，上课几乎不举手发言，即使偶尔被点名回答问题，声音也低得听不清"。我想，面对这一教育现实，袁老师至少有三个问题是应该深思熟虑的。

一是玲玲需不需要改变。袁老师的答案是：需要。因为"这在我所教的一群爱说敢讲的学生里，实在不多见"。袁老师感到了玲玲与整个班级的不和谐，希望她也能成为一个"爱说敢讲"的孩子。

二是玲玲有没有被改变的可能。袁老师的答案是：有。因为"据我观察，她还是挺想表达自己的，只是克服不了紧张、畏错的心理"。袁老师感到了玲玲被改变的可能——人的性格不容易改变，但心理相对容易改变。

三是我们有没有改变她的机会。袁老师的答案是：有。因为"适逢教学七年级（上）第五单元时，年级要开展一次朗读比赛"。袁老师感到改变玲玲的机会到了。口头说教的效果肯定是微乎其微的，只有在活动中亲自体验、磨砺才是最佳选择。

除此之外，我觉得还有一点至关重要，那就是《金色花》这个文本：第一，它优美、抒情，非常适合朗读；第二，它内容浅显，单靠朗读即可理解。反之，这个活动方案就是不可行的。

教育面对的是一个个活生生的孩子。我们所有的教育行为，都应该慎之又慎，仅凭热情和善良是远远不够的。说实话，初看实录，我是很为袁老师和玲玲担心的。以上三个问题，如果有一个答案是否定的，我们的教育行为就会失败，弄不好还会对孩子造成伤害。改变的前提是对孩子的尊重和事情改变的可能性。随着课堂的推进，我悬着的一颗心也渐渐放下，开始感受玲玲和同学们的变化，分享他们生命成长的幸福。下面是我摘引的描写玲玲变化的过程：

玲玲咬着下嘴唇，很认真地点了点头。

玲玲站了起来，看着黑板，念了起来，满脸羞涩，声音不太大，但每个词都念对了。

玲玲兴奋极了，脸上的晕红不再是害羞的颜色了。

玲玲好像胆子大了些。声音蛮大的，也一口气把课文读下来了。可是总免不了紧张，语调平平的，有些地方还有点儿不顺。

玲玲已经不紧张了，脸色很平静，红晕也消失了。

玲玲说得头头是道了。

玲玲动情地读了一遍，读得很美，把大家都吸引住了，大家给予热烈的掌声。玲玲简直兴奋极了，因为她真的可以代表班级去参加比赛了。

她上课肯发言了，声音大了，连性格仿佛都有所改变。

语文性

当然，这是一节语文课，不是德育课。语文活动化，活动更需语文化，活动的设计要以研读文本、学习语文为目的，语文才是活动的灵魂。对此，袁老师有着非常清醒的认识。

这节课的语文性，首先依赖于教师对对话内容的确定。这节课袁老师领着学生只做了一件事："这首散文诗若要朗读好，应注意哪些事项？"怎么读，当然是一个语文问题。对《金色花》这样一个浅易的文本来说，能够读得好，就已经够了。朗读，是内在情感的外显方式。首先，它是一种精神和情感的导航。也就是说，理解是朗读的前提，不理解文本朗读就无从说起。其次，朗读需要一定的技术，这样才能准确传达出内心的情感。为什么这节课袁老师只把朗读定位在"怎么读"的技术指导上呢？我想应该有三个方面的原因：一是文本内容和情感的理解不成问题，教师无须讲解；二是使全班同学通过给玲玲指导"怎么读"，加深各自对文本的理解；三是玲玲参加朗诵比赛的需要。

这节课的语文性，还体现在教师和学生对话时的巧插妙引和智慧调控上。教师不是无所作为，不是不教，而是因学定教，教在不得不教、不能不教的关键处。比如，"有哪些字音容易读错，需要我们给玲玲提个醒呢？"认读生字词，这个环节很有必要。板书、朗读、"领唱""合唱"，既扎扎实实，又生动活泼，还鼓舞了玲玲的士气。比如，"那有什么办法让玲玲读得自然又动情呢？大家读这首散文诗，没发现什么问题吗？"原以为课堂进行到这里，可以鸣金收兵，没想到教师沿着学生的看法，顺势提出了新的要求，使学生的思维走向深入，使课堂呈现跌宕之美，这真是神来之笔。接下来，学生提出问题，教师引导学生联系生活体验初步理解，穿插诗人的经历深化理解，一切都显得水到渠成。

附 《金色花》教学实录

玲玲是一个腼腆的女孩子，上课几乎不举手发言，即使偶尔被点名回答问题，声音也低得听不清。而据我观察，她还是挺想表达自己的，只是克服不了紧张、畏错的心理。怎么办呢？适逢教学七年级（上）第五单元时，年级要开展一次朗读比赛，于是，我有了主意。

"下星期年级要举行个人朗读比赛，我们班派谁去呢？"一上课，我就问大家。几乎是同时，十多个名字被喊了出来。玲玲也抬起眼看了看我，眼睛亮亮的。我向大家摆摆手："我推荐一个人，玲玲，大家看行不行？"又几乎是同时，七嘴八舌的否定声响了起来。"同学们都担心玲玲朗读得不好，对吗？而我们班有那么多朗读高手，大家就不能帮帮她，让她也品尝到朗读的快乐吗？"我又转身看向玲玲："玲玲，抬起头来，你愿意在大家的帮助下，代表我们班参加朗读比赛吗？"玲玲咬着下嘴唇，很认真地点了点头。我充满期待地看着全班同学："大家愿意帮助她吗？"许多同学同样认真地点了点头。

"那么，这堂课我们就一起来帮助玲玲朗读泰戈尔的《金色花》吧。大家先轻声地朗读一遍，思考一下，这首散文诗若要朗读好，应注意哪些事项？"

教室里响起一片轻轻的朗读声，玲玲也举着课本用心读。

"要读出感情。""要注意语调的抑扬顿挫。""如果玲玲朗读，声音一定要大一点儿。"……

"我们总结大家的想法，主要是注意读准字音、语气、语调，读出感情。那么，有哪些字音容易读错，需要我们给玲玲提个醒呢？请把你挑出的字词抄在黑板上，并注上音，可以吗？"

于是，许多同学先后走向黑板。

"玲玲，你能把黑板上的词语读一遍吗？"

玲玲站了起来，看着黑板，念了起来，满脸羞涩，声音不太大，但每个词都念对了。

"玲玲，你真棒，全念对了。可你自己满意吗？"

"不满意，我声音太小了。"玲玲红着脸说。

"那么，你大声念，咱们班同学都跟着你念，就像老师带大家读生词一样，好吗？"

"好！"大家齐声赞同。

接着，"匿笑！""匿——笑！""沐浴！""沐——浴！"……教室里仿佛响起了一曲合唱，领唱很卖力，合唱也很认真。玲玲兴奋极了，脸上的晕红不再是害羞的颜色了。

"同学们合作得真好，老师为大家鼓掌！接下来就是把语气、语调读得优美一些了。大家有什么好主意，能提供给玲玲吗？"

"让她先读一遍,我们听听,再给她纠正,不就行了?"课代表小馨提议。

"玲玲,你的意见呢?"我问道。

有了刚才的成功,玲玲好像胆子大了些。声音蛮大的,也一口气把课文读下来了。可是总免不了紧张,语调平平的,有些地方还有点儿不顺。

"玲玲,读第一段,要读出小孩调皮的语气,你读'笑嘻嘻'的时候,与读其他语句的语气一样,这不好。读这三个字,声音是应该含笑的。"说着,这位发言的同学示范了一下"笑嘻嘻"的读法。

"接下来的第二段中妈妈的问话'孩子,你在哪里呀',要读出焦急的口吻,要能模仿妈妈的口气。但读到'我暗暗地在那里匿笑,却一声儿不响'时,要读出孩子淘气的有点儿搞恶作剧的感觉。"

"那么,读这一部分,应当用怎样的语调呢?"我插嘴问了一句。

"应该开始是平调,读到'摇摆''跳舞'时,语调要高一些,语速不能太慢。"有同学回答。

"妈妈的问话读升调。"

"'我要悄悄地开放花瓣儿,看着你工作。'这句读降调,要读得慢一点儿。"

"不对,这句还是应该用升调,读快一些,才像小孩儿的味道。"

"我觉得这句应该读得深情一些,表现孩子对妈妈的感情,还是舒缓一些好。"

意见相左,两位同学当场争执起来。

"别吵,你们各自用自己认为合理的语调读一遍,看看谁读得符合这首诗的特色。"我调解着。

两位同学分别读了一遍,大家似乎更赞同应当读得深情一些的同学的意见。

"接下来的六段写了三件事情,分别是'我为妈妈散发花香''我为妈妈遮挡日光'和'我变回孩子回到妈妈身边'。这三个部分应该怎么读呢?

小馨,你说说'散发花香'这一处,好不好?"我没忘了请小馨这位高手出马。发现自己在老师心目中颇有地位,小馨也乐得献策。

小馨把这段读了一遍,果然很动听。

"大家陪玲玲一起练练,好不好?"我再提议。

全班同学都像小馨那样动情地读了这一段,包括玲玲。

"那么'为妈妈遮挡日光'这段怎么读呢?玲玲,你也谈谈自己的想法,好不好?"我说。

经过前面大约10分钟的考验,玲玲已经不紧张了,脸色很平静,红晕也消失了。

"我觉得读这部分'当你吃过午饭……正投在你所读的地方',前面的语气和语调与小馨说得差不多,后面要突出'小小'和'正'这两个词,和前面小馨说的一样,他想为妈妈做事,既想又不想让妈妈知道。而读'但是你会猜得出这就是你孩子的小小影子吗'时,又有那种炫耀的语气了。"玲玲说得头头是道了。

"那么,玲玲,你直接把这部分读一遍,试试看,好吗?"

"好!"玲玲读了一遍,大体是成功的。

"同学们,最后一个细节,也是全诗最有情趣的部分,我们先集体读一遍,再分析应该怎么读,好不好?注意,读到对话处,男生读孩子的话,女生读妈妈的话。"

"玲玲,把全诗朗读一遍,行吗?就像正式参加比赛一样。大家参谋参谋,看她能不能去参赛了?"

玲玲再次很认真地读了一遍。其实,她进步很大,但似乎缺点儿什么。她读完后,大家都沉默了。

"咱们说说吧,她现在可以去参赛了吗?"我问大家。

"她读得感情不太对,显得有些做作。"有同学提出了想法。

"好啊,这个意见好。那有什么办法让玲玲读得自然又动情呢?大家读这首散文诗,没发现什么问题吗?"

"孩子为什么要变成金色花？"

"他为什么要躲起来，惹妈妈着急呢？"

"妈妈开始还问'你在哪里呀'，挺着急的。后来没找到孩子，自己居然去沐浴、读书，查看牛棚，一点儿也不着急似的，这是为什么？"

"妈妈在小庭院里做祷告，是不是为孩子的安全祈祷呢？"……

一下子，若干问题一起堆到我面前。我发现，大多数学生在用自己的生活经验体会诗的内涵，用自己熟悉的母子感情感受作者的情感。这其实是一种读者与作者沟通的很有价值的阅读方式，我决定就用这一方式引导学生深入理解课文。

"同学们在家有没有跟妈妈撒娇、嬉闹的故事？"

"有时有。"

"小时候有。"

"那么，课文中的这对母子有什么特点呢？"

"他们互相很了解。妈妈知道自己的孩子特别顽皮，孩子更是知道妈妈什么时候要做什么事。"

"他们彼此关心。妈妈虽然没去找孩子，但她知道孩子不会走远，正和自己开玩笑呢。因为这样的事情肯定不止一次发生过。孩子也很了解妈妈的心思，悄悄为妈妈开放花朵、散发花香、遮挡刺眼的阳光。"

"有人说，诗人是生活在童年里的孩子。你能了解他诗中的童真吗？你也希望自己默默为妈妈做点儿什么吗？你能体会到作者的'爱'的情怀吗？把这种理解有感情地朗读出来。"

全班齐读，很是欢快、活泼。

"玲玲，知道了吗？要用文中孩子对母亲的感情来读，要用你对自己妈妈的感情来读，相信自己一定可以读好的。"

最后，玲玲动情地读了一遍，读得很美，把大家都吸引住了，大家给予热烈的掌声。玲玲简直兴奋极了，因为她真的可以代表班级去参加比赛了。

"今天的课就上到这里，我替大家谢谢玲玲的努力，也替玲玲谢谢大家。希望大家彼此关爱，互相帮助，不让一个同学落于人后。"

后来，由于种种原因，第五单元的朗读比赛没办成，玲玲参加了七年级（下）的"黄河，母亲河"的团体朗诵比赛，虽然只拿了二等奖，但她上课肯发言了，声音大了，连性格仿佛都有所改变。

（作者为江苏省特级教师袁源，收入本书时略有改动）

让对话在"伟大"中穿行：《藤野先生》的教学

鲁迅在散文《藤野先生》中，向我们讲述了他与藤野先生的交往之后，满怀深情地写道：

但不知怎地，我总还时时记起他，在我所认为我师的之中，他是最使我感激，给我鼓励的一个。有时我常常想：他的对于我的热心的希望，不倦的教诲，小而言之，是为中国，就是希望中国有新的医学；大而言之，是为学术，就是希望新的医学传到中国去。他的性格，在我的眼里和心里是伟大的，虽然他的姓名并不为许多人所知道。

一向笔锋冷峻的鲁迅先生，竟也有如此真诚、炽烈的文字。我们不禁要问：藤野先生仅是日本仙台一所普通医学专门学校的一位普通医学教授，况且鲁迅后来也弃医从文了，为什么二十年后，文学家、思想家鲁迅先生却用"伟大"这样的词称颂他呢？

如果我们对两个人的交往做以下的罗列分析，疑问就会更强烈：

①藤野先生是日本仙台医学专门学校的一位普通教授，后因学历低被学校辞退。

②鲁迅1904—1906年在日本仙台学医，和藤野先生只有两年的交往。

③鲁迅后来弃医从文，在仙台所学医学并无大用处。

④鲁迅写这篇文章是在1926年，是和藤野先生分别二十年后。

⑤鲁迅不但是文学家、革命家，还是思想家。

感受一种深情

我们先从两人的交往开始探寻。

初识，伴随着留级学生的哄笑，对藤野先生的印象是轻松甚至滑稽的。但是通过对"订正讲义""修改解剖图""关心实习""了解裹脚"四件事情的描述，鲁迅因藤野先生尊重、关爱学生和严谨求实的作风，变得"不安和感激"起来。

研读文本时，我设计了四个在细节中进行深度学习的活动。

第一个活动，判断。

按照你对藤野先生的了解，这件事他是不是这样做的？

我的讲义已经从头到末，都用红笔修改过了。

原文是"我的讲义已经从头到末，都用红笔添改过了"。"添改"，即增加和订正。如果说"增加"讲义中脱漏的地方是一位医学老师的职责的话，那么，"订正"文法的错误就可以说不是他分内的事了。

第二个活动，模仿。

按照你对藤野先生说话声调的了解，你能把这句话说给我们听吗？

你看，你将这条血管移了一点位置了。——自然，这样一移，的确比较的好看些，然而解剖图不是美术，实物是那么样的，我们没法改换它。现在我给你改好了，以后你要全照着黑板上那样的画。

句中破折号后的一句话表示插说。藤野先生语气委婉，耐心指导，怕"我"难堪，纠错还不忘表扬一句，虽然理由显得牵强。

第三个活动，选择。

按照你对藤野先生的了解，下面哪一句是他对鲁迅说的话？

①听说中国人是很迷信鬼的。
②听说中国人是很相信鬼的。
③听说中国人是很敬重鬼的。

作为一个医学教授,藤野先生本可以坦言没有鬼、不必迷信之类的话,但是怕伤了"我"的自尊,故意委婉地用了褒义词"敬重",而不是贬义词"迷信",甚至不是中性词"相信"。这既是对"我"的尊重,也是对中国文化的尊重——即使它可能是落后的、愚昧的。

第四个活动,比较。

比较下面两句话,说说鲁迅为什么要这样修改。

原稿:"总要看一看才好。究竟是怎么一回事?"
修改稿:"总要看一看才知道。究竟是怎么一回事呢?"

修改稿更强调了一种郑重的态度、求实的精神,对中国妇女遭受摧残的同情,和自己不能亲见的遗憾。"好"字容易引起误解,好像就只为满足自己的好奇心而不是研究似的。

我还注意一些细节,比如,"叫我""将我叫到",三次都是老师主动喊学生。写人,一定要选择典型的事例,把人放在具体的叙述和细致的描写中去表现。

这四件事情反映了温馨、温暖的师生交往。但是如果孤立地去看这四件事,就说藤野先生是"伟大"的,还有些单薄,还不足以让鲁迅、让我们感动,因为这更多的是一个教师,至多是一个好教师的职业本能。

那么,到底还有什么原因呢?

体味一段境遇

事实上，很多人至此就停止了解读文本的脚步，而把其他材料统归为表现了作者的爱国主义感情。若那样理解，抛却"文不对题"的嫌疑不说，写老师就是写老师，为什么还要借机"表扬自己"呢？

从我们的个人生活经验出发，一个人得到别人的帮助，在什么样的情况下最使他感动呢？我想不外乎两种情况：第一，这个人非常需要帮助——彷徨、犹豫，甚至走投无路时；第二，给了这个人最需要的东西，而不是"你认为他最需要的东西"。

在我的阅读经历中，还有两篇赞美老师"伟大"的文章。一篇是张九韶的《太阳味儿》。文章写到"我"小时候很优秀，自尊心也特强，一天晚上突然尿了床，为了不让同学知道，就每天"大义"赴难般地钻湿被窝。可是有一天被子却被人偷偷晒过了。谁晒的呢？是他的班主任。班主任后来告诉他，尿床不是什么丢人的事，被子是晒在他自家的小院里，没人知道。所以"我"由衷地说班主任有一颗"伟大"的爱心。

还有一篇是魏巍的《我的老师》。作者小时候，父亲在军阀部队里几年没回来，于是很多孩子就说："哎哟哟，你爹回不来了哟，他吃了炮子儿啰！"作者真好像死了父亲似的那么悲伤。这时候蔡老师批评了那些孩子，还写了一封信劝慰作者，说作者是"心清如水的学生"。于是作者感激地说蔡老师："多么慈爱，多么公平，多么伟大啊！"

可见，很多事情都是这样，孤立地看很平常，但是如果有了不平常的背景，这件事就变得不平常了。

下面，我们就来看看藤野先生和鲁迅两人交往的背景，看看两人是在什么样的背景下相识和交往的。

在《琐记》中，鲁迅这样写道：

爬上天空二十丈和钻下地面二十丈，结果还是一无所能，学问是"上穷碧落下黄泉，两处茫茫皆不见"了。所余的还只有一条路：到外国去。

在《呐喊》自序中，他这样写道：

我的梦很美满，预备卒业回来，救治像我父亲似的被误的病人的疾苦，战争时候便去当军医，一面又促进了国人对于维新的信仰。

这抱定希望远涉重洋的鲁迅又怎样呢？

东京也无非是这样。

只消这一句，失望和厌恶之情就跃然纸上了。

到别的地方去看看，如何呢？

这能不能理解成极度失望之后再碰碰运气的无奈呢？可是到了仙台：

大概是物以稀为贵罢。

就足以证明他虽然"颇受了这样的优待"，但这并不是鲁迅先生最需要的。
独处异国他乡，在失望中苦苦追求，在追求中常常受辱，正是在这样"山重水复疑无路"的当口，一个黑瘦的先生便"挟着一叠大大小小的书"，以极富个性的抑扬顿挫的声调，雪中送炭般地闯入了鲁迅的生活——这真是"柳暗花明又一村"。

作者在暗示我们：

第一，他的境遇很糟，确实需要帮助。

第二，他到底需要什么，不需要什么。而这时，藤野先生给了鲁迅最及时、最急需的帮助——学业的、精神的、人格的。

但是这种关心仍是个人对个人的，并未完全超出一个教师的职业范围，还不能发自内心地称其"伟大"，所以文章还没有止笔。

接着，作者又用匿名信事件、看电影事件，告诉我们这是促成和藤野先生分别的直接原因，更重要的是给藤野先生做了一个最厚实的反面衬托：藤野先生对鲁迅的关怀，是发生在这样特定的背景之下——日本举国都在歧视中国人，中国人自己也麻木不仁。在这种情况下还能一如既往地关怀他——这种关怀已上升到一个民族对另一个民族或是人之为人的大爱、大善、大美的层面！这样的老师不是"伟大"的吗？这样的人格不是"伟大"的吗？二十年后，在寂寞中战斗的鲁迅，从这段温馨的回忆中汲取到无穷的力量！

如果说，刚一读到"伟大"，内心涌起的是模糊甚至是疑惑的话，在读了具体描写与藤野先生的交往经过之后，"伟大"开始变得清晰起来，而在解读了其余看似闲笔的材料之后，"伟大"才变得立体起来，丰富起来——它让我们分明地感受到，一个曾经怎样的鲁迅，在一种怎样的境遇下，遇到了一个怎样的藤野先生。

铭刻一份感动

鲁迅离开仙台后就与藤野先生失去了联系，但他始终没有忘记这位异国的恩师。1935年，日本一家出版社打算出版《鲁迅选集》，专门征求鲁迅先生的意见。鲁迅先生回答，一切随意，但希望能把《藤野先生》这篇文章选录进去。

一个偶然的机会，已偏居乡下的藤野先生看到了别人推荐来的《鲁迅选集》。得知昔日的学生已成为中国的大文豪，他异常惊喜。但没过多久，鲁迅先生就与世长辞了，师生再也没能见上一面。当藤野先生听到鲁迅逝世的噩耗后，他正襟而坐，默哀良久，然后饱蘸浓墨，提笔写下"谨忆周树人君"。

后来当有人问及他当年教鲁迅的心情时，藤野先生说："少年时期，有一位先生教过我汉文，我尊敬中国，也就觉得对那个国家的人也应该高看的……前后外国留学生只有周先生一人。因此我帮他寻找住处，学习日语，虽我能力有限，却要尽力关心……我是为了对道德的先进国家表示敬意，而不单为周先生一人。"（《谨忆周树人君》）

这是一次对文本"人化"而非"圣化"的解读。

在运用语言中学习语言:《为你打开一扇门》的教学

对话标题

进入初中,我们的语文学习之旅,从课文《为你打开一扇门》开始。请同学们用正楷字规规矩矩地把标题写一遍,看谁写得最工整、最漂亮(教师注意巡视和纠正"为"字和"门"字的笔顺)。

我们在说话或读书的时候,可以通过重读某些词语,来传达自己要强调的意思。比如,这个标题,我们想强调作家赵丽宏的热情和亲切,应该重读哪个词?第二人称"你"指的是谁?一边是当代作家,一边是青少年读者,一个"你"字顿时拉近了距离,不是高高在上的指指点点,而是平等亲切的促膝聊天。文中还有不少这样让你感到亲切的句子,请你选读一个,注意读出这种语气。

标题中的"门"用的是本义吗?作者由"无数"的门写到"一扇门","无数"的门比喻某一领域的入口;"一扇门"形象地比喻文学。请你从文中选读一个句子作为自己理解的根据。如果我们想强调文章的主题,这个标题应该重读哪个词?

读文写话

为什么我们要打开文学之门呢?朗读课文,然后参考下面的句式说一句话:为你打开一扇文学之门,因为_____。

可以直接引用原文回答,也可以适当地剪裁组接。请学生朗读课文。

预习课文，不仅要认认真真地朗读课文，还要注意养成积累词语的习惯。请根据下列词语的意思写出相应的词语。

①形容益处很大。（四字词）
②指人的思想、性格和习惯，因受各种因素的影响，无形中起了变化。（四字词）
③故意说吓人的话使听的人吃惊。（四字词）
④比喻值得关注的社会现象，某种景观、景象或一些值得关心的态度与行为。（三字词）
⑤形容姿态多种多样或种类十分丰富。（四字词）

学生默写后，请学生校对并改错：①大有裨益；②潜移默化；③危言耸听；④风景线；⑤千姿百态。

写话练习。以"文学"为话题，以课文内容为依据，运用上面的五个词语写一段简明流畅的话，可以不考虑词语的顺序。写话之前，请再默读一遍课文第四段。写后全班分享交流。

感受句式

同样的意思，可以有不同的表达。读一读，比一比，说说下面两个句子的表达效果有什么不同。

①阅读文学作品，是一种文化、知识、智慧和感情的积累。
②阅读文学作品，是一种文化的积累，一种知识的积累，一种智慧的积累，一种感情的积累。

同样在说阅读文学作品的作用，第一种表达更简洁，第二种表达运用排比句式，更舒展，更从容，既从多个方面把道理说得很透彻，又显得娓娓道来、亲切平和。作者很喜欢、很擅长这样的表达，文中还有很多这样的句式，请画出来，然后读给大家听，体会说理的透彻和语气的平和。比如：

　　阅读优秀的文学作品，对了解历史，了解社会，了解自然，了解人生，是一件大有裨益的事情。

　　文学是人类感情的最丰富最生动的表达，是人类历史的最形象的诠释。一个民族的文学，是这个民族的历史。

　　一个时代的优秀文学作品，是这个时代的缩影，是这个时代的心声，是这个时代千姿百态的社会风俗画和人文风景线，是这个时代的精神和情感的结晶。

主题演讲

　　从聆听妈妈讲的第一个童话故事开始，从观看的第一部动画片开始，从自己阅读的第一本书开始，从自己写出的第一篇文章开始……文学，一直伴随着我们成长。赵丽宏的另一篇散文——《致文学》，表达了他对文学的体验。课下请大声朗读，然后以"我和文学的故事"为话题说一段话，要求能自然地引用《为你打开一扇门》中的一句话。学生准备。全班分享。

规划蓝图

　　打开文学的大门，踏上美好的阅读之旅，从此你的人生将更加丰富多彩。请规划一份初中三年（或本学年、本学期）的阅读蓝图，要求从本文中选择一句话作为引言，写出阅读书目、阅读时限和预期的阅读成果。

在运用语言中学习语言:《学问和智慧》的教学

学习目标

说理,最容易枯燥,说理文最忌讳枯燥。但是阅读这篇文章,为什么既让人深受启迪,又感觉情趣盎然呢?本课着力解决的正是文章的论辩特色。我想不外乎两个词:一是严谨,丝丝入扣,具有无可辩驳的雄辩力量;二是形象,旁征博引,生动譬喻,让人如坐春风。

重点难点

根据学情分析和学习目标,确定本课的重点难点。

重点:理解严谨的论证结构。

难点:品味形象的论证语言。

教学流程

教学由三个活动组成。

活动一,给句子找找家。

要求学生在读书后完成活动任务:如果在课文的六个段落中各添加下面的一条名言,应该怎么添加?并说明理由。

①没有智慧的头脑,就像没有蜡烛的灯笼。——托尔斯泰

②经验丰富的人读书用两只眼睛,一只眼睛看到纸面上的话,另一只眼睛看到纸的背面。——歌德

③知识如树叶,它的命运总是从新生到枯黄,再让位给来年春天新的叶芽,而智慧则宛如树干基部一圈圈的年轮。——赵鑫珊

④知识能够诱发智慧,是打开智慧大门的钥匙,但它不等于就是智慧。——池田大作

⑤智慧胜于知识。——巴斯卡

⑥智慧不是自然的恩赐,而是经验的结果。——谚语

活动的目的是促进学生在读书中深度思考,提炼概括,进而从整体上理解文章严谨的论证结构(见下面的板书)。

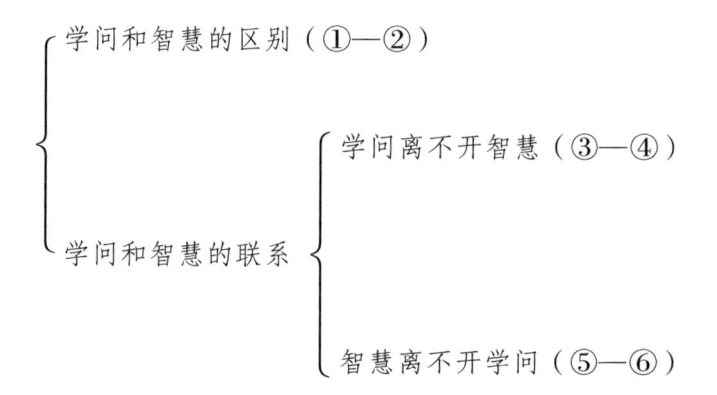

```
         ┌ 学问和智慧的区别(①—②)
         │
         │                  ┌ 学问离不开智慧(③—④)
         └ 学问和智慧的联系 ┤
                            └ 智慧离不开学问(⑤—⑥)
```

活动二,让句子排排队。

仅从宏观上理解还不够,还要从一个段落内部的微观角度感受这篇文章论说逻辑的丝丝入扣,滴水不漏。活动任务是:把下面七个句子的逻辑关系理顺,整理成一个严谨、通畅的语段,并说明理由。

①无学问的智慧,只是浮光掠影,瞬起瞬灭的。

②惟有从学问中锻炼出来的智慧,才不是短暂的;他是永久的、永不

枯竭的。

③学问固然不能离开智慧，同时智慧也不能离开学问。

④也惟有这种有根底的智慧，才最靠得住，最为精澈，最可宝贵。

⑤有学问的人，虽然不一定就有智慧，正和有智慧的人不一定有很深的学问一样，但是智慧却必须以学问做基础，才靠得住。

⑥惟有从学问中产生出来的智慧，才不是肤浅的，而是深远的。

⑦他是肤浅的、短暂的。

这七个句子来自课文第五段，句子顺序已经打乱。正常的句序为：

③学问固然不能离开智慧，同时智慧也不能离开学问。⑤有学问的人，虽然不一定就有智慧，正和有智慧的人不一定有很深的学问一样，但是智慧却必须以学问做基础，才靠得住。①无学问的智慧，只是浮光掠影，瞬起瞬灭的。⑦他是肤浅的、短暂的。⑥惟有从学问中产生出来的智慧，才不是肤浅的，而是深远的。②惟有从学问中锻炼出来的智慧，才不是短暂的；他是永久的、永不枯竭的。④也惟有这种有根底的智慧，才最靠得住，最为精澈，最可宝贵。

以上两个活动的过程，本身就是理解的过程。这个理解不是肤浅的认同式的理解，而是有深度思维参与的体验式的理解，而且理解的痕迹还被活动的任务所掩盖，一切都在不知不觉中进行。活动的过程甚至要比活动的结果还重要。和活动二紧密相连的就是下面的活动三。

活动三，帮句子美美容。

我告诉学生，刚刚理顺的这个段落是经过了老师改造的，画线部分的表达都显得平实、直白、抽象，不容易理解。请你发挥才情，改用一种形象化的、深入浅出的说理方式。

⑦他是肤浅的、短暂的。⑥惟有从学问中产生出来的智慧，才不是肤浅的，而是深远的。②惟有从学问中锻炼出来的智慧，才不是短暂的；他是永久的、永不枯竭的。

　　学生尽可以有自己多样的表达方式，但文本的表达方式只有一个，那就是比喻论证。接下来就是畅谈文本说理的形象化。譬如"泉"前加定语"珍珠"，分明是在强调智慧的珍贵；再加上"一串串""上涌"，真像是一幅晶莹灵动的图画。
　　原文再现：

　　⑦他好像肥皂泡一样，尽管可以五光十色，但是一触即破。⑥惟有从学问中产生出来的智慧，才不是浮光，而是探照灯，可以透过云层，照射到青空的境地。②惟有从学问中锻炼出来的智慧，才不是瞬息幻灭的肥皂泡；他永远像珍珠泉的泉水一般，一串串不断地从水底上涌。

　　这个活动，在语段美容前后的对比中，在学生表达与文本表达的对比中，文本形象化说理的特点慢慢深入人心。接下来还要用三件事进行巩固。
　　第一件，熟读成诵。背诵是最佳的积累落实，还是对以上结论的正面强化。
　　第二件，辐射全文，寻找并点评其他段落中形象化的说法。
　　第三件，仿写例句。

　　①惟有从学问中锻炼出来的智慧，才不是瞬息幻灭的肥皂泡；他永远像珍珠泉的泉水一般，一串串不断地从水底上涌。
　　仿照该句，从"友谊·理解""成功·失败""幸福·苦难"三组词语中任选一组造一个句子。
　　②学问好比是铁，而智慧是炼钢的电火。

学习好比 _____，而思考是 _____。

③学问是建筑材料，智慧是建筑师的匠心。

学问是 _____，智慧是 _____。

课的最后，我布置了一个这样的作业：

歌德说："掌握知识对一个人来说是不够的，应当善于使知识不断地发展。"而我们身边存在这样一类同学：平时考试独占鳌头，碰到实际问题却一筹莫展，束手无策。请你写一封信给这样的同学，用你的论述让他转变观念，努力成为一个"高分高能"的人。要求：观点要有针对性，说理要既有条理又形象，并恰当运用课文中的语句。

这个作业既帮助学生解决实际问题，培养写作能力，又是对本课教学目标的检验和落实。

在运用语言中学习语言:《在莫泊桑葬礼上的演说》的教学

学习策略

通过添加标题、动情演说、连词成段、撰写墓志、朗读追思等五个活动品情悟理。

重点难点

重点：赞美、缅怀的情感。
难点：深刻、抽象的哲理。

学习设计

活动一，添加标题。

这是一篇演说词，也是悼词，是在特定情境下进行的口头演讲。它本来是没有标题的。请学生自由朗读课文，把"在莫泊桑葬礼上的演说"作为副标题，然后尝试从情感或哲理的角度，拟一个主标题。可以是一个词、一个短语或是一个句子。

小结：从情感的角度表达赞美或痛惜之情，比如，"丰碑""巨人""清澈的美的源泉"或"陨落的星辰"；从哲理的角度，比如，"什么才是不朽""如何获得永生""我们终归离不开面包""生命的短暂与精神的不朽"等。通过这些标题，可以看出我们已经基本把握了这篇悼词的主旨。

活动二，动情演说。

莫泊桑被疾病夺去了壮年的生命和如日中天的事业，法国文坛为之震惊。下面就让我们和左拉一起，走进莫泊桑的葬礼，进行一次动情的演说。注意运用恰当的语气、语速和重音表达情感。

第一步，师生合作，每人演说一段，老师演说最后一段。

第二步，选择最能表达你情感的段落演说。

第三步，选择最能表达你情感的句子演说。

活动三，连词成段。

首先请学生听写五个词语：血气方刚、炉火纯青、无懈可击、开怀畅饮、卷帙浩繁。

然后请学生以"莫泊桑"为话题，巧妙整合文中语句，把这五个词连在一起说一段话，顺序可以打乱。比如：

年轻时的莫泊桑血气方刚，充满朝气，却不承想英年早逝。他的小说富有征服人心的活力，是未来世纪完美的典范、交口相传的寓言或故事，比起那些卷帙浩繁的产品，真可谓炉火纯青，无懈可击。朋友们，让我们在他小说的清泉中开怀畅饮吧！

活动四，撰写墓志。

为了表达对死者的怀念，有时还要撰写墓志。比如：

活着，大自然害怕他会胜过自己的工作；死了，它又害怕自己也会死亡。（意大利画家拉斐尔的墓志）

诗人、历史学家、哲学家。他拓展了人类精神，并且使之懂得它应当是自由的。（法国思想家伏尔泰的墓志）

他观察着世态的变化，但讲述的却是人间的真理。（美国小说家马克·吐

温的墓志）

活过，爱过，写过。（法国作家司汤达的墓志）

墓志文字简约，又有很强的概括力。下面就请你为莫泊桑撰写墓志。要求以这篇演说词为依据，可以整合文中的语句，内容既有"其人"，又有"其文"；既有热烈的情感，又有深刻的哲理。

点评小结：对学生写的墓志进行点评。比如：

他为我们打开了一扇令人顿觉醒豁的生活窗口。他给我们留下了无懈可击的完美典范。

清澈的美的源泉，牢靠的坚实的光荣。

他的作品是不会使人厌腻的日常必吃的面包。他对自己的作品永远怀有征服人心的信念。

他凭《羊脂球》跻身大师行列。他以昂贵的代价换来了香甜的安息。

读一读第四、第五两段，你能把下面的墓志填充完整吗？

他年轻时血气方刚，眼睛明亮而含笑；他15年发表了近20卷作品，他的作品是喜剧、窗口和源泉。虽然绝不应该限制艺术的天地，但是_____；虽然时代的产品卷帙浩繁，但是_____。他因此获得永生。

比如：

虽然绝不应该限制艺术的天地，但是人们终归还是吃那使他获得营养而永不会使他厌腻的日常必吃的面包。

虽然时代的产品卷帙浩繁，但是获得不朽的更可能是一篇三百行的小说。

读一读第六段，你能把下面的墓志填充完整吗？

他告诉我们，香甜的安息只有用_____来交换，只有_____的作品才能获得永生；作品得到永生，才会使_____。虽然人的生命短暂，但是_____。

活动五，朗读追思。

对一个作家的怀念和追思，最好的方法莫过于阅读、热爱他的作品。如果请你在莫泊桑的追思会上朗读一段他的作品，你会选择哪一篇的哪个片段，为什么？

左拉以法兰西文学的名义，热烈地赞扬了莫泊桑的文学天才，充分地肯定了莫泊桑的文学成就，并精辟地论述了他在文学史上的杰出地位，满怀敬意地预言了他将与他的作品一起获得永生。炽烈的感情迸发出哲理的火花，深刻的哲理又披上了浓郁的感情色彩，是作者用血泪写就的生命篇章。请同学们把文章最后一段背诵下来。

在运用语言中学习语言:"短语"活动学习设计

轻松导入

比如,我们要盖一幢楼,需要砖头、水泥、钢筋等材料,楼就是由这些材料构成的。我们人类的语言也像楼房一样,是由一些基本材料组成的。你们认为这些材料都有什么呢?(语言单位:语素、词、短语、句子、句群)

唤醒记忆

先复习词语。词语可以分为哪两大类?实词、虚词各有哪六类?
实词:名词、动词、形容词、数词、量词和代词。
虚词:副词、介词、连词、助词、叹词和拟声词。
教给学生一个顺口的记忆法。举办学生背诵比赛。

自主学习

这节课我们来学习短语。这张短语结构类型表的左栏是"短语名称",共分五类,中间栏是"结构特点",右栏是"举例"。请同学们用十分钟的时间自学。

短语结构类型表

短语名称	结构特点	举例
并列短语	由两个或两个以上的名词、动词或形容词组合而成，词与词之间是并列关系，中间常用顿号或"和、及、又、与、并"等连词。	报纸杂志　老师和同学 改革开放　听说读写 雄伟壮观　聪明、美丽又善良
偏正短语	由名词、动词或形容词与它们前头起修饰作用的词组合而成，其中名词、动词、形容词是中心语，名词前头的修饰成分是定语，动词、形容词前头的修饰成分是状语。	（我的）老师　（一位）顾客 [恭敬地]鞠躬　[完全]相信 [非常]坚强　[多么]可爱
动宾短语	由动词与后面动词支配的成分组合而成，动词支配的成分是宾语。	敬畏生命　热爱工作 上中学　登泰山 盖房子　包饺子
后补短语	由动词或形容词与后面起补充作用的成分组合而成，常用"得"字表示，起补充作用的成分是补语。	洗得〈干净〉　打量〈一番〉 急得〈团团转〉　休息〈一会儿〉 红得〈发紫〉　好〈极了〉
主谓短语	由表示陈述和被陈述关系的两个成分组合而成，主语表示陈述的对象，谓语表示陈述的内容。	老师讲课　精力充沛 露珠晶莹　心情愉快 大家唱歌　我们回去

质疑解难

第一类并列短语不懂的请举手！请能看懂的同学结合例子，直到把他"讲明白为止"。接着第二类偏正短语、第三类动宾短语、第四类后补短语、第五类主谓短语。

同学们没有问题了，老师有三个问题，考考大家：第一，短语是由什么和什么组成的？第二，分类一般有一个标准，这五类短语是按照什么样的标准分类的？第三，从"词和词的关系"这个标准出发，这五类短语各有一个关键词，它们是什么？

活动过程

活动一，微型讲座。

全班分为四个小组，每个小组准备一类短语，结合一个典型例子，讲解这类短语的结构特点，到讲台前开微型讲座。四位小组代表全部到位，并板书各自的例子，然后逐个讲解。

你可以这样说：

大家好！我来给大家讲讲"并列短语"。比如，"辉煌灿烂"这个短语，由两个形容词"辉煌"和"灿烂"组合而成。这两个形容词是并列关系，没有主次之分，这样的短语就叫作并列短语。当然，并列短语还有两个以上词语并列的情况，还有名词、动词并列的情况。

活动二，短语安家。
听写五个短语，学生把它们写在各自所属的短语类型表格内。

听写：红花绿叶、看电视、大胆猜测、态度和蔼、看清楚。

请学生公布答案。"看电视"是动宾短语，"看清楚"是后补短语。问学生，宾语和补语的区别是什么？

听写：心情舒畅、快乐得很、消除懒惰、刻苦学习、坚强勇敢。

请学生公布答案。

活动三，慧眼识敌。

叫五个学生，各自抽取一个短语的纸条，其中四个类型相同，一个是另类的"敌人"，让学生辨识谁是另类。

燃烧的火焰、自豪地宣布、更加热烈、辛勤耕耘、拥抱世界
讲解语法、讲述清楚、种植玉米、制造火箭、听故事
祖国万岁、品质优良、天气晴和、思想品质、成绩好

活动四，寻找朋友。

请五个学生分别抽取一个短语，其中四个学生，两两类型相同，另一个学生轮空，请轮空的学生自己创编一个短语，要能和其中一组相同。

看了两眼、打扫教室、洗得干净、支持改革
经济繁荣、繁荣的经济、历史悠久、悠久历史
十分伟大、风俗习惯、小声地说、废寝忘食

活动五，出站检票。

下课前，对短语类型进行简单小结后，请每个学生给自己用一种短语命名，然后按照多媒体的指令下课。先安排偏正短语、后补短语、动宾短语、主谓短语的下课，然后请并列短语的改成主谓短语。备选短语略。

第 三 辑

语文大单元学习

语文大单元学习，在学习单位上突破了单篇目、单课时的局限，教师设计情境真实、目标明确又自带动力的学习任务，课堂上没有了"一人号令，众人争先"，没有了规模和气势庞大的集团作战，更多则是散兵游勇、短兵相接的巷战。

学生在这种适度失控的状态和氛围里，发生的行为往往才是真实、真正和深度的学习。

为什么要进行语文大单元学习

曾经看到这样一幅有趣的图片,《让我们在知识的海洋中畅游》。看着说"我爱学习"的孩子们奋勇争先,目标一致,老师喜形于色。是啊,求知不就是一件快乐的事吗?孩子们的学习本来不就应该是这样的吗?

可是,再看图片下半部分的"实际情况"时,你才恍然大悟——"理想很丰满,现实很骨感",上半部分孩子的表现往往只是教师的一厢情愿而已。

(青岛市崂山区金家岭学校七年级学生何宜宣仿作)

有的孩子在喊"老师！救命"，简直千钧一发；有的孩子在"互掐"，堪比一地鸡毛；有的孩子格外卖力，却游错了方向；有的孩子在嬉戏，根本没游向目的地……

急需帮扶的、精力过剩的、南辕北辙的、悠闲娱乐的……凡所应有，无所不有。

我们不得不说，人到底是怎么学习的，我们一直想搞清楚，但是终究还没搞清楚；如何更有效地设计学习，我们貌似搞清楚了，实际上还远远没有搞清楚。

要搞清楚人的学习，真不是一件容易的事。

语文学习，多年来，默认的做法一直就是——过去说是"听说读写"，现在说是"语文素养"——放在一篇篇经典文本的阅读中去学习，也就是把一个个单篇的文本作为语文学习的载体。

能力也好，素养也罢，的确都需要一个载体。这个不用怀疑，关键是我们需要一个什么样的载体。

《义务教育语文课程标准》（2011年版）问世后，各地语文教科书曾一度百花齐放，欣欣向荣，可是当把这些教科书放在一起比较的时候，你会发现它们简直就是多胞胎的孪生兄弟，编者的心血无一例外都耗在了对文本的调整和学习主题的确定上。

换汤不换药，治标不治本。

以下是我对语文学习载体的"现实状态"和"理想状态"的认识。

从学习资源上说，现实状态是一篇一篇（一般四五篇）的文本组合成一个学习单元——虽然是一个单元，但我们实际上很关注文本的个性、独立性，比较少关注文本之间的共性和联系。理想状态应当是一个学习单元由一篇篇文本或其他能体现单元主题的视频、图片等资源组成，更强调学习资源的共性和联系，它们是一个团队，共同指向单元学习目标。

从学习目标上说，现实状态是自下而上、从具体文本里提炼目标，在尊重文本个性的驱使下，往往会提取数量更多也更随意的学习目标。理想状态应当是自上而下、从课标"空降"到一个具体的文本里，让文本为实现学习目标服务，因此学习目标往往更集中也更科学。

从学习单位上说，现实状态是单篇课文、单个课时，每课时都有清晰、明确的学习目标，堂堂清理，节节评价，学完一个主题单元后再进行单元评价。理想状态应当是单元，从单元角度进入学习，从单元角度完成学习，只设单元学习目标，一般不设课时学习目标，只进行学习节点和终结性的诊断。

从学习长度上说，现实状态是一课时一课时地学，学生的学习被切割成一个个40、45、50分钟的长度，进行两周即8—10个这样长度单位的学习后，一个主题单元宣告结束。理想状态应当是学习一个单元一般两周，从某一天开始，到某一天结束，中间也会体现为一节一节的课时，但那只意味着师生的同时在场，而不是学习的开始或结束；此外，还淡化了课上和课下的时间区分、校内和校外的空间区分。

从学习节奏上说，现实状态是主要由教师掌控什么时候学习哪一课，什么时候安排朗读、思考、讨论和练习，什么时候该推进到下一个教学环节等。理想状态应当是由教师和学生共同掌控，他们同样作为课堂的主体和学习的主人，学习是在他们的共同协作、动态互动中完成的。

从学习路径上说，现实状态是学生学习风格被迫高度统一，不同学习风格和智能倾向的学生，在学习过程中往往得不到充分的顺应和展示。理想状态应当是统一性和个别化的结合，教师既要鼓励学生百花齐放，又要做到让不同学习风格和智能倾向的学生学习时殊途同归，收放自如，各种学习方式都各得其所，得到充分的顺应和尊重。

从学习期待上说，现实的立意是举一反三，教师和编者都希望通过学习一个文本，让学生能独立解决若干个文本。这是典型的理科思维，不符合语文学习的规律。理想的立意应当是"举三反一"，让学生在真实的、大量的语文实践中学习语文，从而使学生凭借阅读一百个文本的实践经验，去尝试独立解决一个文本。

从话语体系上说，现实的教学研究状态是"如何教"的话语，研究来研究去，这活动那活动，左一个课题右一个学会，话语体系不外乎就是一个"教"字，至于学生怎么学，全凭主观推测的想当然。理想的教学研究状态应当是"如何学"的话语，循着学生"学"的轨迹去寻找教师"教"的规律——把学生的"学"搞清楚了，教师的"教"自然就清楚了。"教的法子根据学的法子"嘛！

话说到这儿，问题越来越清楚了：我们必须得进行语文学习单元的重构，去探索更好、更科学的语文学习载体。

如何进行语文大单元学习

如何进行语文大单元的学习呢？

我觉得至少有以下五个方面的工作要做。

确定学习目标

从学习目标而不是具体的文本切入，以学习目标而不是具体文本的个性为学习导向和贯穿始终的线索，这是语文大单元学习最根本的特质。

学习目标是单元学习的灵魂，是学习资源选择、学习活动设计和学习结果评价的根本依据。

经纬定位、核心问题、少就是多等策略和原则，这些在第一辑中都已经详细阐释过，此处不再赘述。

学习目标的确定，并不是一个新颖的话题。之所以一再阐述，就是因为这个问题并没有得到充分的重视，更没有得到有效的解决，很多课堂的学习目标都是在教师拍脑袋和想当然中诞生的。比如，我们随便在网上搜索一个课题，随便打开几个教学设计网页，其中的学习目标部分，大多荒诞到令人触目惊心的程度。

学习目标多到眼花缭乱，深到高不可攀。这些目标既无法实现，其中又有众多非语文、泛语文的所谓目标存在！不是无用的摆设才怪！

举个我们准备戏剧单元的例子。最初我们是这样表述学习目标的：

了解戏剧的矛盾冲突。

能够通过戏剧语言分析人物形象。

一开始,我们认为第一个目标"了解戏剧的矛盾冲突"要求太低。既然矛盾冲突是戏剧的生命,就应该是"理解戏剧的矛盾冲突"才对,这个目标应该是核心目标,第二个目标可以并入第一个目标。如果目标定位在"理解"层面上的话,那么对矛盾冲突的学习就至少应该包括以下三个层面:

戏剧的矛盾冲突是什么?
矛盾冲突是怎样一步一步展开的?
这个矛盾冲突的意义和价值是什么?

但是我们很快就否定了这个想法。有同事说,以后高中学戏剧的时候,学习目标就是理解戏剧冲突。你看,用经线一定位,问题马上就暴露了,本应在高中学习的东西,却拿到初中,那不是"走别人的路,让别人无路可走"吗?还有,在展开矛盾冲突的三个问题中,除了第一个问题难度适中,其余两个,一个要整体把握戏剧文本,全面理清戏剧情节;一个可能会关涉整部戏剧以及创作背景的主题开掘。这势必使原本情趣盎然的戏剧学习,陷入烦琐的文本分析中。

学生是初次学习戏剧,也是初中唯一的一次学习戏剧,有必要搞得那么艰深吗?

思来想去,我们把学习目标确定为:

我能够说出剧本的矛盾冲突是什么。
我能够通过经典台词分析人物形象。

前次后主,第一个目标浅处理,能"说出"即可;第二个目标为核心目标,要重点学习。

学习目标确定了，似乎建筑风格就尘埃落定了，接下来，就要进入施工阶段了。

设计核心任务

在确定了单元的学习目标后，接下来的工作就是设计核心任务。

核心任务，就是一个和学习目标紧密相连的、贯穿学习过程始终的、具体的驱动性问题或活动。整个单元的学习行为，暗线是单元学习目标，明线正是核心任务。

比如，学习唐诗专题，有老师这样设计核心任务：编写一本属于自己的唐诗选集；整本书阅读《西游记》，有老师这样设计核心任务：合作补写一回《西游记》。

整本书阅读《骆驼祥子》，有老师这样设计核心任务：续写《骆驼祥子》，创作祥子的"四起四落"。整本书阅读《红岩》，我们借鉴了学校初一语文组的核心任务设计：阅读《红岩》，办《挺进报》。

当然，为了把学习目标落到实处，教师往往通过制定任务的方式，确保有放能收，不会让核心任务成为断了线的风筝。比如，初一语文组在指导学生阅读《骆驼祥子》时，设计的核心任务是：制作《骆驼祥子》画册。为了有效落实学习目标，老师们又提出了细致的制作要求：

概述与图片相关的内容。
补充对人物的细节描写。
评论该情节中祥子的人物形象。
分析人物形象及他人对祥子的影响。

（此案例由北京市十一学校陈纹珊老师提供）

我们认为，设计核心任务的最低标准应该有两条。

第一条，匹配目标。就是核心任务必须完全和学习目标相匹配。学生完成核心任务带来的学习结果，必须和学习目标的期待一致。核心任务指向的往往是活动，学习目标指向的往往是素养。核心任务的设计，要能经得起这样的追问：学生要完成这个任务，会引发哪些学习行为，调动哪些知识和能力储备？在完成了核心任务后，学生会在哪些方面经受训练和得到提升？

教学"事理说明文"单元时，我们把学习目标确定为"理解事理说明文的逻辑顺序"，以及"能用文中的科学道理解释生活中的现象"。我们把核心任务设计为"进行一次未来科学家评选"，请学生从"科学发布会""科学话剧场""科学辩论会""推选委员会"四个活动中任选一个参加。学习展开后，我们越来越感觉到，这四个活动引发的学生的学习行为以及达成的学习结果，都不等于最初确定的两个学习目标，有时大于或小于，有时约等于，而有时则完全没有关系。

阅读《论语》时，我们决定采用"化整为零，每周推进"的方式，把阅读的核心任务确定为：每周抄写、翻译10条内容，并选择一条结合自己的生活写百字感悟。一个学段学下来，学生自主阅读达80条。但在教育教学诊断时，语文作业中的"作业收获"一项竟然未到95分，我们才意识到是这项任务的设计出了问题。

我们回到最初的阅读目标来讨论这项任务的设计。不管是课程标准，还是考试说明，对《论语》的要求，都只定位在对名句的初步理解上。比如，让学生做一点儿内容上的梳理分类，对阐释和运用上的正误进行辨别，背诵默写，除了课内的几则外，其他不要求；释词译句，更不要求。基于这个阅读目标，如果不加筛选地让学生抄写、翻译《论语》，显然既不符合学习目标，又显得单调、无趣。后来，我们把阅读的核心任务修改为："我读《论语》"——教师先筛选40条，学生每周选其中5条来造句写段或写感悟。造句指向的是运用，而且是在正确理解后才能产生的学习行为。如果有的条目不适合造句呢，那就写感悟好了。从学生交上来的"我读《论语》"来看，我们的问题已经得到圆满解决。

第二条，呈现结果。就是说，完成核心任务后呈现出来的，一定是学习这个单元后的"学习结果"，而不是和这个单元无关的、只是学生平日下功夫而产生的一堆"学习成果"。比如，对一个阅读单元的核心任务的设计，要能确保学生只有阅读了教师提供的学习资源后才能去做。如果学生不学习教师提供的资源，同样也可以完成任务，或者说学习了和没学习，对完成核心任务没有明显的影响，那么这个核心任务就对本单元的学习失去了驱动作用，它的设计就存在很大问题。

教学"咏物抒怀"单元时，我们最初把核心任务设计为"我为学科教室命名"，就是要求学生用象征性的某物，给自己的一个学科教室命名，并解读命名的含义。经过学科主任闫存林老师的指导，我们认识到，学生为完成这个任务，是不是一定会阅读我们提供的抒情散文文本呢？或者说，我们怎么能证明学生是阅读了这些文本之后才具有的这个命名能力呢？如果不是"必须"，如果"不能证明"，那么这个核心任务的设计就存在缺陷。后来，我们把任务修改为"用咏物抒怀的方法写一写十一校园里的事物，给《十一物语》这本书投稿"，这样好像改进了一些，但还没有从根本上解决必须"经历阅读"和"呈现结果"的问题。

当然，只满足以上两条标准，还不能算是一个理想的核心任务。理想的核心任务设计，除了满足以上两条最低标准外，还应具备以下两条较佳标准。

第一条，情境真实。《普通高中语文课程标准》（2017年版）说："语文学科核心素养是学生在积极的语言实践活动中积累与构建起来，并在真实的语言运用情境中表现出来的语言能力及其品质；是学生在语文学习中获得的语言知识与语言能力，思维方法与思维品质，情感、态度与价值观的综合体现。"那么"非真实"的语言实践活动有什么特征呢？有人做过这样的列举：以独立于现实生活之外的教室为主要物理环境，以容量有限的教科书为主要学习材料，以分阶段、分类型的结构化课程目标与内容为学习序列，以提高平均学习效率为教学指向，以利于大规模组织的测试为主要评价手段等。

第二条，解决问题。卢卡斯认为，学习一定应该是"项目型的学习"以及带着解决问题的目标去学习，而这目标必须是某个现实的目标，而不是一种教科书上的编造。

北京市十一学校直升高一语文教研组，在设计"侠义文学"单元时，恰逢十一学校一年一度的狂欢节，于是他们巧妙地把语文学习和狂欢节相结合，这样设计核心任务："又要到狂欢节了，请诸位在深入阅读侠义文学的基础上，为老师设计一位侠义人物角色，然后扮装。"

这个设计，不但是在学生生活中真实存在的命题，还把学生置于"用语文去解决问题"的情境之中，从而很好地启动了学生的自我系统。从学生的学习状态和学习结果来看，老师们感到：学习最大的动力，恰恰在于学习本身。而一个好的核心任务设计，就可以激发学生产生内动力。

李希贵校长说，我们教给学生的是知识，最后学生记住的也是知识，一定要把过程和方法教给学生，让学生在过程和方法中增加体验，最后才产生核心素养。

经过一段时间的学习和实践，我们深感核心任务的设计实为耗神烧脑的事儿，经常从零开始，经常推翻重来，甚至覆水难收，空欢喜一场。如果把确定学习目标比作图纸规划阶段，那么设计核心任务就进入了施工的造梁浇柱阶段。

一个设计先要看它是否符合"最低标准"，我们不能因为这个设计符合了某条"较佳标准"，就容忍了它不"匹配目标"，或者最后呈现的竟然不是"学习结果"。

整合学习资源

前面说完了图纸规划，造梁浇柱，现在该说说建筑材料了。

我们认为，在语文单元学习的设计中，必须对原有学习资源进行整合，让学习资源最大限度地服务于学习目标的实现。

整合学习资源，一般应遵循以下三个原则。

第一个，目标优先。选择学习资源时，首先要考虑的，是这个资源是否最能体现和落实学习目标，至于是不是经典，以及作者、文体、篇幅等因素都是次要的。

记得过去编写教材时，大家总是遵守"经典第一，作者第一"的原则，只要是耳熟能详的经典，只要是牛气冲天的作家，这样的作品选进教材准没错。细想起来，这种想法多少有些"跪着阅读"、盲目崇拜。我们无意否认经典文本的教育力量，但是它不一定就那么适合你的教材编写思路和需求。说到底，经典作品总是有自己特定的背景，人家又不是为你的教材量身定做的。鞋子合不合适，得问问脚才行。

一言以蔽之，目标第一，经典第二。如果二者可以得兼，那是极好的。

在教学"咏物抒怀"单元时，为了帮助学生更顺利地创作文章向《十一物语》投稿，我们甚至还向学校总务处索取了《北京市十一学校校园整体绿化植物统计表》。

看了这个表，老师们都感到大开眼界，原来校园里有近200种绿化植物，很多名字和相关知识我们也是第一次听说。

第二个，以旧翻新。语文学习单元的重构，绝不意味着从零开始，从头再来。重构，是在原有学习资源基础上的"翻新"。比如，"咏物抒怀"单元，教科书（北京市十一学校曾使用的语文校本教材）原有的资源框架是：

《海燕》（高尔基）

《白杨礼赞》（茅盾）

《紫藤萝瀑布》（宗璞）

《丑石》（贾平凹）

《爱莲说》（周敦颐）

我们在原来的基础上文本由 5 篇扩展为 18 篇,外加一本 19 万字的书,单元总字数近 21 万字。(见下面的"阅读资源清单")这是量的"翻新"。

阅读资源清单

资源类型	阅读资源
精读资源	1.《海燕》 2.《白杨礼赞》 3.《爱莲说》 4.《柳思》 5.《致橡树》 6.《石灰吟》 7.《蝉》 共约 5000 字
略读资源	1.《中国古典诗歌中的常见意象》 2.《"十一"的文化符号》 3.《梧桐树》 4.《野菊花》 5.《怒放的生命》 6.《假如你想做一株腊梅》 7.《无忧树》 8.《丑石》 9.《紫藤萝瀑布》 10.《秃的梧桐》 共约 14000 字
整本书阅读资源	《一树一菩提:中国散文精品选读》,丰子恺等著,中国国际广播出版社 2010 年版,约 19 万字
其他资源	《北京市十一学校校园整体绿化植物统计表》,约 3000 字

精读资源中，我们增加了散文《柳思》、现代诗《致橡树》、古体诗《石灰吟》《蝉》。这些文章或诗歌，不但在体现"物"与"情"关系的写法上更有典型性，而且对单元目标进行了文体上的拓展。这算是质的"翻新"。

设计"校园奥斯卡"单元（北京市十一学校曾使用的语文校本教材）时，我们在原有《陈毅市长》《威尼斯商人（节选）》《一厘米》《江村小景》《日出（节选）》的基础上，又增加了"莎士比亚系列"——《罗密欧与朱丽叶（节选）》《第十二夜（节选）》《李尔王（节选）》，以及整本书阅读《哈姆雷特》和《雷雨》。

第三个，多元分类。整合后的单元学习资源，呈现出多元化、分类别的特点。比如，"咏物抒怀"单元中，学习资源分为精读资源、略读资源、整本书阅读资源和其他资源。这些资源涉及散文、现代诗、古体诗、说明文等多种文体。

只要学习目标需要，视频、网站、实物等，没有什么资源是不可以提供给学生的。

在"寻找未来科学家"学习单元中，我们根据涉及的知识领域，把文本分为6个类别，共24篇文本，三万多字。

提供学习支撑

在语文大单元学习中，如何给学生提供学习支撑，这是实施层面的具体问题。

实施语文大单元学习后，感觉课堂越来越没有了课堂的样子，没有了"一人号令，众人争先"，没有了规模和气势庞大的集团作战，更多是散兵游勇、短兵相接的巷战。

这种感觉对最初进入单元学习的语文教师来说，不但不是愉悦的，反而会有些失落，好像是看着自己亲自缔造的帝国，被别人给瓜分了。但学生在这种适度失控的状态和氛围里，产生的行为往往才是真实、真正和深度的学习。

只要你是真正地以学生为中心，真正地为学生的学习服务，就会心悦诚服地接受这种适度失控的课堂。

下面我们从具体的操作层面，梳理一下语文大单元学习实施中的几个关键环节。

一是时间管理。单元学习不意味着学习中的一切都由学生做主。它不再"堂堂清"，不再以课时为单位切分学习进程，但是总时长应该是确定的。因此，每次学习开始前的一个重要任务，无一例外就是请学生浏览学习资源和核心任务，规划自己的学习进程。他们有的以终为始，逆向规划；有的按部就班，循序渐进；有的中间开花，再向两边。百花齐放，各得其所。

二是节点控制。学习进程中的一些重要节点，教师作为设计者，要进行适度控制。我们一般是把需要控制的节点提前写到时间管理工具里，比如，阶段性、终结性成果的分享提交，基础知识的诊断等。如果某个节点安排的是诊断，那么诊断的时间、方式、内容和要求，都要提前明确地告诉学生。没有这个节点控制，有的不注重基础积累的学生往往就信马由缰。

因此，可以这样说，学习进程规划表，其实是由教师和学生在基于理解和妥协的前提下共同完成的。

三是任务分解。为了使核心任务更贴近学习目标，有时要对核心任务进行分解。学生通过一步步完成子任务进而完成核心任务。比如，闫存林团队设计的"侠义文学"单元，把核心任务分解为以下子任务：

1. 用准确的词语概括五位人物的个性特征。
2. 概括人物形象的相同点与不同点。
3. 写出你"最想设计的人物""比较想设计的人物"与"最不想设计的人物"，并说明理由，给出证据。
4. 请你写一封信说服老师同意装扮你最终选择的侠义人物。
5. 完成人物出场设计（先独立完成，然后再分组合作）。

学生沿着子任务的台阶，最终水到渠成地完成核心任务。

再比如，我们在设计"校园奥斯卡"（戏剧文学）单元时，把核心任务（参加校园奥斯卡主角、配角评选）分解为以下子任务：

1. 谁是"汉字英雄"：从本单元剧本中积累60个词语，制作词语积累卡。
2. "声临其境"：用演出而非朗读的语气，录制6个不同角色的6段音频。
3. 剧本排行榜：从戏剧矛盾冲突的4个特点中任选一个为标准，选择5个剧本做排行榜。
4. 听我给你说说戏：从人物性格、装扮细节、台词脚本等三个角度，为"我最想演的一个主角""我最想演的一个配角"和"我最不想演的一个角色"说戏。

四是工具、脚手架。如果说核心任务和子任务是告诉学生做什么，那么工具、脚手架就是指导学生怎么做。工具、脚手架的设计，是为了帮助学生更有效地完成学习目标。

比如，在"校园奥斯卡"学习单元子任务"听我给你说说戏"中，为了使学生能顺利地完成说戏的学习任务，后面我们又设计了"台词脚本"参考样例的脚手架，并提供了细致的说戏要求：

1. 人物性格：用词要准确。
2. 装扮细节：为人物设计一个细节，并且能够结合人物性格特点，说明你这样设计的理由。
3. 台词脚本：所选台词必须是人物台词中有代表性的、能充分表现人物性格特点的、感情强烈爆发的、矛盾冲突异常尖锐的，或语言委婉含蓄的、有挖掘品味余地的。分析台词必须以人物性格和情节发展为依据，包括语气、语调、语速、音量、动作、表情、情感或心理等方面的分析。

从学生的学习结果来看，这个参考样例和说戏要求，当是起到了很大作用。

再比如，在另一个子任务"声临其境"中，我们提供了关于台词的知识链接以及录制要求；在子任务"剧本排行榜"中，我们提供了关于矛盾冲突的知识链接、活动具体要求以及排行榜理由示例。

整本书阅读《红岩》时，为了帮助学生完成办《挺进报》的核心任务，我们先介绍了《挺进报》是什么，提出了《挺进报》的办报要求。

1. 头版头条：新闻价值最大，版面最突出，颜色和字体最醒目。要有标题，事件叙述详尽，六要素齐全。

2. 简讯：一句话新闻。一般应有时间、人物、事件等。每期不少于三条。

3. 时评：在事件概述的基础上，重在对事件的评论。

4. 党员风采：每期介绍一名党员。可以摘引人物外貌，可以概述人物事迹，也可以点评人物品行。

5. 自创栏目：比如，"党员语录""工作计划""工作总结"等。

注：所有内容都需立足原作，始终注意你的立场和办报宗旨。报纸必须手写，一期两张 A4 纸。

进而以第一章为例，共办《挺进报》。在学生阅读、试办之后，我们进行了这样的指导。

【头版头条】

军统特务故意纵火，炮厂工人宿舍被烧

炮厂工厂区起火，成片的茅棚，被火焰吞没，熊熊的烈焰，映红了半边天。《中央日报》竟说什么"工人不慎失火"，其实是特务放火！据余新江所讲，当他冲向火场时，遇到成群的人从火场拥来。炮厂的支部书记肖师傅和许多同志都在那儿。两个纵火犯被工人们认出来，他们是总厂稽查处的特务。据特务供认，他们放火是奉了军统特务组织西南长官公署第二处的命令。

其实，失火以前，长江兵工总厂各分厂，早已出现了许多不祥的迹象。开始是大批军警开进厂区，强迫工人加班加点，后来又把煤厂工人的棚户区划进扩厂范围，逼迫工人拆房搬家。现在，敌人纵火，更使斗争白热化了！长江兵工总厂所属各分厂的工人，今天聚集到炮厂去。愤怒的工人，决心把厂方准备的扩厂建筑材料，搬到火烧场去，重修炮厂工人的宿舍。

【简讯】

①新年期间，国民党警备司令部禁止放爆竹，禁止放焰火，严防火警。

②国民党市政当局为"盟邦"举行新年招待会。

③许云峰计划在沙磁区设一处备用的联络站。联络站和群众工作分开，准备交给甫志高负责。

④沙坪坝正街上，新开了一家沙坪书店。店员是陈松林。每到星期一，书店停业休假。

⑤重庆大学校区的路上，贴了许多号召同学为炮厂工人募捐的布告。

⑥《彗星报》发表社论，标题是：抗议扩大内战的阴谋。

⑦重庆大学学校里已经闹得热火朝天了！通知：报告炮厂惨案之真相，地点：学生公社，时间：星期一上午九时。

⑧《彗星报》主编黎纪纲，在追捕特务时，被特务用石块打破了头，血流满面。

【时评】

①军统特务故意纵火，炮厂工人宿舍被烧。我们更加感到这次反对拆

迁扩厂斗争的重大意义，决定公开揭露敌人纵火的罪行，争取各方面的正义声援；并且在全市各厂发动工人募捐，在敌人赔偿损失以前，解决炮厂工人的生活困难问题。

②《目前形势和我们的任务》这篇划时代的文件太鼓舞人心了！中国革命已经到了伟大的转折点，胜利的日子快到了，我们地下党人就要苦出头了！要怎样才无愧于伟大的时代？我们应该在群众运动中，在火热的斗争中，为党做出更多的贡献！

③重庆大学学校里，有人张贴："会后放映好莱坞七彩巨片《出水芙蓉》。"这是专门和革命宣传唱对台戏！是三青团想用肉感电影来争夺群众！对台戏、双包案，向来是他们惯会用来鱼目混珠的拿手好戏！

【党员风采】

①余新江：没有穿工人服，茁壮的身上，换了一套干干净净的蓝布中山装，浓黑的眉下，深嵌着一对直视一切的眼睛。他不过二十几岁，可是神情分外庄重，比同样年纪的小伙子，显得精干而沉着……两条颇长的胳臂，急促地前后摆动着，衣袖擦着衣襟，有节奏地索索发响……他把稍长一点儿的袖口，挽在胳臂上，露出了一长截黝黑的手腕和长满茧巴的大手。

②甫志高：地下党沙磁区委委员，负责经济工作，住在大川银行5号宿舍，是一个穿藏青色哔叽西服的中年人，是个在复杂环境里生活惯了的人。虽然因为工作关系，他很少有机会参加群众运动，然而对政治形势很了解。他毫无难色地接受任务，不管做什么，增加工作，都是使他高兴的事。

他除了在银行做会计主任，还兼着沙坪书店经理的名义。

【党员语录】（自创栏目）

不得胜利，斗争决不停止！

保卫言论自由，反对内战！

抗议扩大内战的阴谋。

伸出同情的手来，支援饥寒交迫的工人兄弟！

我们应该在群众运动中，在火热的斗争中，为党做出更多的贡献！

五是量规设计。量规是针对学生学习制定的，包括一组清晰连贯的标准，以及标准下各层级表现质量的描述。量规的本质是描述性的而非评价性的。操作方法是将表现与描述进行匹配而不是评判。

在语文大单元学习中，量规发挥着举足轻重的作用。比如，在"校园奥斯卡"学习单元中，我们把量规的维度分为"矛盾冲突""台词分析""人物形象"等方面，把量规的等级分为"奥斯卡金像奖""奥斯卡提名奖"和"奥斯卡进修奖"三个层次。每次只要展开一项学习，我们都要引导学生研究量规，让他们深入理解自己的学习任务，确定自己的学习目标，校正自己的学习方向，反思自己的学习结果，不断将自己的表现和描述进行匹配。每次匹配都是一次自我定位，都是一次向目标逼近的努力。"现在看看你到了哪里？"几乎成了师生的口头禅。

量规好像是架设在学习目标和学生之间的一座桥梁，它温和又坚定地参与学生学习的全程，默默地发挥不可或缺的作用。

六是反思调整。当学习活动和具体的学生相遇，有时会出现一些出乎教师预料的情况。比如，节点控制的节奏和顺序、某个学习活动出现偏离学习目标的风险、学习活动之间存在重叠交叉等。在实施单元学习的过程中，最需要引起教师重视的，就是不断对学习活动和学习目标的契合度进行反思和评估，以便及时亡羊补牢，随时做出调整，否则一旦失去机会，就悔之晚矣。

比如，前面提到的"寻找未来科学家"单元，我们发现，四个子任务并不能很好地落实"理解事理说明文的逻辑顺序"和"运用文中科学知识解释生活现象"的学习目标，于是及时做出调整，设计了一次知识竞赛。

我们把 24 篇文章分为 6 类，每类命制一套题目，题目包括一个以描述逻辑顺序为内容的选择题，以及一个运用文中科学知识解释生活现象的简答题。教师提前把 6 套题目提供给学生，在举办知识竞赛时，抽到哪套题就回答哪套题，抽到哪个同学就请哪个同学回答。

好的学习活动，不仅要"非常生动"，有一个好的活动形式和结构；更要"特别扎实"，即活动内容和学习目标高度契合。

七是讨论指导。一般来说，每个学习单元至少有一个地方需要教师组织学生集中讨论。这个地方可以是单元学习的难点，也可以是学生学习中的共性问题。比如，"抒情散文"单元"物与情的关系"、"寻找未来科学家"单元"事理说明文的逻辑顺序"、"校园奥斯卡"单元"戏剧的矛盾冲突"等，这些知识都需要教师精要地讲解。

八是分享解疑。每节课开始和结束时，教师都要请几个同学分享自己的学习进度、收获和困惑。这一方面能让教师准确掌握学情，另一方面能使学生之间信息共享，互相唤醒。在学习过程中，学生随时可以提出自己的疑问。为了使学生问题的价值最大化，我们让学生把问题写在便利贴上，然后集中贴在教室内白板上的问题区域，公开进行答案的征集。

评价学习结果

当学生陆续提交自己的学习结果时，语文单元学习就进入了评价阶段。

首先，要明确评价的基本原则——目标指向原则，即评价不能被学习结果的外在形式所干扰，它指向的是学生学习目标的达成度。为了尊重学生的学习风格，教师往往会设计一些多元化、高选择性的学习任务。但不管学生提交的是什么样的学习结果，教师都要忽略学习结果的形式本身，而只考虑这个结果在多大程度上体现了学习目标，或者要完成这个学习结果，学习目标在其中起到了多大作用。

明白了这一点，教师心里就有了不易被干扰的定力，也增强了教师控制学习风险的信心和能力。

比如,在"校园奥斯卡"学习单元,教师明确告诉学生,这个单元的学习,教师要给每个学生打四个分数。

①"谁是'汉字英雄'":95分以上计过程性评价满分10分,95分以下过程性评价从8分递减,课下还要补测。

②"声临其境":按学生自己规划的时间和节奏,提交6个角色的6段音频。计过程性评价10分,少1段音频递减2分。

③"听我给你说说戏":按表格内书写的说戏文字,视分析质量按10、8、6计分。

④"剧本排行榜":符合学习任务要求的小组,成员各计10分。

在"听我给你说说戏"的学习任务展开中,为了提升学生对人物形象和经典台词的分析能力,我们安排了角色竞演活动。先是重新分组,以同一剧组为单位,在组内逐一说戏,进行主角竞演。竞演进行中以及结束后,教师不断提醒学生,要随时丰富、提升自己的说戏表述。不管竞演结果如何,教师只要盯着那张说戏的表格就行了。

除了上面所述打分的正式评价外,还需要开发多种形式的非正式评价。

贴画。在纸质学习结果的展示中,请学生以贴画的方式表达对同学作品的评价。贴画,既是被人肯定的证明,又是对别人进行评价的工具。

展示。在"寻找未来科学家"单元中,我们把评委会推荐的诸多优秀成果按照不同的主题,编排在各个教室里展示,学生则通过选课走班去参加感兴趣的展示活动。

打赏。在"寻找未来科学家"单元中,为了提高学生的学习兴趣,启动自我系统,我们还设计了专门用来打赏的"诺币"。比如,"谁是'汉字英雄'"95以上,每人奖励10诺币;课堂知识竞赛获一等奖,每人奖励50诺币。在科学发布会上,每个学生手中都有50诺币的打赏券,他们也会向自己欣赏的展示者打赏。

排行。在"寻找未来科学家"单元学习过程中，我们定期公布年级诺币排行榜，最后以诺币数量，决定"未来物理学家""未来生物学家""伯乐奖"等各种奖项的人选。

颁奖。举行"未来科学家""奥斯卡金像奖"等颁奖典礼，为单元学习画上圆满的句号。

出版。筛选学生的优秀作品，结集出版。在学校一年一度的课程产品交易会——"红窗汇"上售卖后，给予作者一定的稿酬。文集既固化、物化了学习结果，又在学习链条的末端逆向刺激学生的自我系统，从而实现学习单元的闭合。

"校园奥斯卡"单元学习设计

学习目标

1. 我能够说出剧本的矛盾冲突是什么。
2. 我能够通过经典台词分析人物形象。

核心任务

参加"校园奥斯卡"的评选,我最想演的一个主角是_____,我最想演的一个配角是_____,我最不想演的一个角色是_____。

学时安排

6 课时

时间管理

我的学习进度规划表

时间	我的学习进度规划
5.15 周二	理解学习目标、核心任务、学时安排、学习工具、评价量表,制定学习规划

(续表)

时间	我的学习进度规划
5.16 周三	
5.17 周四	
5.18 周五	分享"听我给你说说戏",竞选主角;成立《雷雨》《威尼斯商人》《江村小景》《陈毅市长》《哈姆雷特》《罗密欧与朱丽叶》《一厘米》等剧组
5.19 周六	
5.20 周日	
5.21 周一	
5.22 周二	"谁是'汉字英雄'"+"剧本排行榜"结果张贴、分享、评价;上交材料
5.23 周三	分享"听我给你说说戏",竞选配角;上交材料
5.24 周四	
5.25 周五	教学班内剧目演出,评选"班级奥斯卡"
6.1 周五	远矗楼剧场年级会演,推选"校园奥斯卡"
7月初	远矗楼剧场观看学校《雷雨》剧组演出

学习工具一:谁是"汉字英雄"

本单元需要你积累60个生字词,要会读、会写、会解释。

1. "课前预习"中注音、写字,共37个。

2. 注释中的23个词语:闭门羹、无事不登三宝殿、大而化之之谓圣、自娱、伊始、亲顾茅庐、一纸空文、冒犯、应分、墓志铭、遍稽群籍、折中、庖代、延纳、钧裁、有例可援、志忑、先声夺人、侃侃而谈、安分守己、萧条、世故、针黹。

学习工具二："声临其境"

★ 知识链接

台词，就是剧中人物所说的话，包括对白、独白、旁白等。对白是两个或多个人物交谈的话；独白是剧中人物独自抒发个人情感和愿望时说的话；旁白是剧中某个角色背着台上其他剧中人从旁侧对观众说的话。剧本主要是通过台词推动情节发展，表现人物性格。因此，台词语言要求能充分地表现人物的性格、身份和思想感情，要通俗自然、简练明确，要口语化，要适合舞台表演。

★ 录制要求

1. 从《雷雨》《威尼斯商人》《江村小景》《陈毅市长》《哈姆雷特》《罗密欧与朱丽叶》《一厘米》《日出》《李尔王》《第十二夜》等剧本中，精选6个不同角色的经典台词。

2. 用演员演出的语气（注意不是朗读课文的语气），分别录制6段音频，每次不少于两分钟，一次可以是一个角色的多句台词。音频文件发到自己的语文教学班群里，文件名：姓名 — 角色名1、姓名 — 角色名2、姓名 — 角色名3，以此类推。

学习工具三：剧本排行榜

1. 矛盾冲突是戏剧的灵魂，是戏剧表现人物和主题的关键。请从尖锐激烈、高度集中、进展紧张、曲折多变这四个特点中任选一个作为标准，制作剧本排行榜。

2. 范围及数量：必选三个：《威尼斯商人》《江村小景》《陈毅市长》；自选两个：《雷雨》《哈姆雷特》《罗密欧与朱丽叶》《一厘米》《日出》《李尔王》《第十二夜》。

3. 排行榜必备要素：剧本名字、矛盾冲突的图表及文字表述（参照导读资料或课后练习），结合剧本内容简述理由。形式上鼓励图文并茂、大胆创新。

4. 以学习小组为单位，写在 A4 纸上。

排行榜理由示例：比如，以第一个特点"尖锐激烈"为标准，有的学生认为《陈毅市长》的矛盾冲突不够激烈，理由是：

①人物不繁多。只是发生在两个人之间，没有更多的人参与。
②情节不复杂。一个要"夜访"，一个要"拒访"，矛盾很快得到解决。
③矛盾双方的冲击力不够，没有激烈的言语交锋。

但是有的学生却认为《陈毅市长》的矛盾冲突比较激烈，理由是：

①人物不多，但是身份悬殊。一个是市长，一个是对旧社会心灰意冷的科学家。人数的多与少不是衡量矛盾冲突是否激烈的唯一标志，即便千军万马也不见得有冲突。
②从表面上看双方只有言语的沟通，但这只是表象，一个对建设国家充满热情、豪情和激情，一个是屡受打击后对社会不再抱有希望，两人的矛盾冲突本质上是思想的冲突。这是两个人的冲突，更是两种认识的冲突，或者说是两个时代的冲突。

学习工具四：听我给你说说戏

从《雷雨》《威尼斯商人》《江村小景》《陈毅市长》《哈姆雷特》《罗密欧与朱丽叶》《一厘米》等剧本中选择三个角色填写下表，然后跟你的同学"说说戏"。

"听我给你说说戏"表

愿望	角色	说人物性格	说装扮细节	说台词脚本
我最想演的一个主角				（三句以上）
我最想演的一个配角				（两句以上）
我最不想演的一个角色				（一句以上）

"台词脚本"参考样例：《江村小景》

母：打不得！打不得！

——母亲在疾走中突然站住，带着惊恐的神情，语气急切，语速很快，一手前指，急于阻止两个儿子互相残杀。两句处理要有变化：第二句比第一句声音更高，近乎破音，其中"打"字重读，"得"字音调上扬，有拖音，同时大幅度地跺脚和挥手。

母：你们是兄弟啊！你们是兄弟啊！你们是兄弟啊！

——三句反复，处理要注意变化：第一句语速快，音量高，盯着儿子，两手挥动。这是"打不得"的原因，很快地说出来才能有效阻止儿子之间的残杀。第二句语速变缓，音量渐低，目光变虚，似看地面，两手慢慢捂住胸口，好像是在痛苦地自言自语，因为此时次子已经中枪。第三句语速变快，音量渐高，目光上移，似看天空，两手向两边伸直展开，好像在向老天歇斯底里地控诉。这三句话，表现了一个无力阻止儿子相互残杀的母亲的剜肉之痛。

"听我给你说说戏"要求如下。

1.人物性格：用词要准确。

2.装扮细节：为人物设计一个细节，并且能够结合人物性格特点，说明你这样设计的理由。

3.台词脚本：所选台词必须是人物台词中有代表性的、能充分表现人物性格特点的、感情强烈爆发的、矛盾冲突异常尖锐的，或语言委婉含蓄的、有挖掘品味余地的。分析台词必须以人物性格和情节发展为依据，包括语气、语调、语速、音量、动作、表情、情感或心理等方面的分析。

附 "校园奥斯卡"学习量规

奖项等级	矛盾冲突	台词分析	人物形象
奥斯卡金像奖	• 我能独立准确地列出剧本冲突的双方 • 我能独立概括剧本矛盾冲突的内容，还能帮助同伴理解我的想法 • 我能在小组剧本排行榜活动中倾听、理解和辨别同伴的意思，并能提出自己独到的看法	• 我能选择有代表性的经典台词写表演脚本 • 我能根据人物性格和对话情境对台词做细致、准确、透彻的表演脚本设计 • 我能把自己的设计清晰明白地讲给同伴听，并能获得同伴的肯定	• 我能在了解背景、通读剧本和整体把握全剧内容的基础上概括人物形象 • 我能根据人物的言行、人物关系和关键情节概括人物形象 • 我能用准确的词语概括人物形象

(续表)

奖项等级	矛盾冲突	台词分析	人物形象
奥斯卡提名奖	• 我能独立准确地列出剧本冲突的双方 • 我能在老师或同伴的帮助下概括剧本矛盾冲突的内容 • 我能在小组剧本排行榜活动中倾听、理解和辨别同伴的意思	• 我能选择有代表性的经典台词写表演脚本 • 我能根据人物性格和对话情境对台词做脚本设计，但有些词没分析、分析不透彻或不准确 • 我能把自己的设计清晰明白地讲给同伴听	• 我能在了解背景和通读剧本的基础上概括人物形象 • 我能根据人物言行和关键情节概括人物形象 • 我能在别人的帮助下对自己的人物形象概括做出准确的修改
奥斯卡进修奖	• 我能在别人的帮助下列出剧本冲突的双方 • 我不能概括剧本矛盾冲突的内容，对老师和同伴的指导也一知半解 • 我能在小组剧本排行榜活动中认真倾听，但不能透彻理解别人的意思	• 我能在别人的提示下选择有代表性的台词 • 我在写脚本时忘记要根据人物性格和对话情境，或忽略了多处细节 • 我不愿把自己的设计讲给同伴听，或是讲了对方也不认可	• 我在分析人物形象时，在了解背景、通读剧本等方面准备不足 • 我在分析人物形象时，往往忘记了要结合人物言行和关键情节 • 我在分析人物形象时，拿不准使用哪些词语

（注：本单元课文均源自北京市十一学校曾使用的语文校本教材。本文为北京市十一学校2016级初二语文教研组集体成果，成员有孟灵峰、崔丽娜、耿畅、袁丽杰、高凌丽、齐韵涵、朱则光。）

第四辑

再来一次：教育的耐心和智慧

学习，本质上其实是一个试错的过程。再来一次，既给了学生思维重启的机会，也给了教师调整策略、重新评估的机会，这是对人学习规律的顺应和尊重。

再来一次，体现的是教育的耐心，更体现了一种教育的智慧。

课堂管理、课堂讨论、课堂评估等，往往都需要"再来一次"。

究竟什么是理解

作为教学设计中的一个高频词汇——"理解"一词似乎再平常不过。可是,对"理解"的理解真有那么容易吗?

百度百科:理解的两个标志

下面这篇文章,是我几年前写的作品,以现在的眼光来看,当然还有很大的思考余地。

课堂有效性的思考

期中考试阅卷流水作业,我负责批阅现代文阅读第二题——《访兰》(贾平凹)。学生做得很不理想,总分15分,我估计平均7分。不少学生的答案字数不少,可就是说不到点子上,浅读、窄读、误读现象很严重。

我一边阅卷,一边想象和思考,感觉这张试卷好像就是老师,向学生提出一个个问题,学生用笔回答。与平日师生课堂对话不同的是,这次回答是一次性的,对则对,错则错,没有修正的机会,老师也不再和颜悦色地点拨,只以分数说话。

学生为什么说不到点子上?怎样才能使他们有可能说到点子上呢?课外阅读是课内阅读的延伸和检验,除去试题确有难度之外,我们平日的课堂教学,要有意识地怎么做呢?

集体备课时,我说,我们把阅读题中的一个个问题串在一起,整体感知、局部探究、语言品味、拓展延伸，差不多就是一节阅读课。可以这样说，平日的阅读课，正好对应考试中的阅读题；平日阅读课的效果，对应阅读题答题的质量。比方说，我们在阅读课上，也会提出试卷上这样的问题：本文写了空谷幽兰和盆景家兰，它们各有什么特点？这是一个整体感知的问题。我们安排学生读完课文后，接着会提问、讨论，学生此时参与提问、讨论的过程和状态，就会直接转化、沉淀成他独立完成这类题时的学习经验。

接下来课堂上会发生什么呢？有很多种可能。如果是下面这种情形：你说，我说，大家说，众说纷纭，课堂上很热闹，教师不置可否，最后说："真好，大家说得都有道理，下面我们进行下一个环节……"这些学生考试时会怎样呢？是不是会很自信地写上那个在课堂上曾被老师肯定但未被提升、修正、完善的答案呢？而这样的答案，又会被阅卷老师判几分呢？……

在平时的阅读教学中，我们要做到有效提升学生的阅读能力，至少应该做到以下四点。

一是亲历过程。就是思维在场，学生的生命在场。教过不等于学过。思维，是课堂的核心。如果不能让学生亲历结论思考、产生的过程，很难说是真正学会。学生的误读、浅读、窄读，恰恰成了教学的资源。教师的作用就在于把学生的误读、浅读、窄读，点拨成正读、深读、全读。不让学生思维缺席的教学，才是有效教学。我们有时候很苦恼："我都给他讲了几百遍了，他还是不会！"其实这里教师的"讲"，大半是学生并未真正学会，真正搞懂。譬如"圣人之道，卒于鲁也传之"这个句子的翻译，明明有注释，为什么学生还出错？那是因为学生没真正看懂，没真正明白。我们班学生的失误率却很低，我的办法就是一个字一个字地讲解、翻译，并且对应原文板书。学生真正搞明白了，才不会出错。讲评试卷时我还是这样做，我问："这是讲第几次了？"学生说："第三次了。"我说："这是最后一次，这是做给三个出错的同学看的。"

二是即时评价。就是教师对学生的回答要立即做出评价，对就是对，错就是错。教师对学生平日里一团和气，但一改卷子，就翻脸不认人了。教师若不敢否定学生，不是真正的以人为本。要以人为本，也不能弃真理于不顾。吾爱吾"生"，吾更爱真理。

三是整合小结。讨论完毕，教师还要做一个工作，那就是把正确的意见整合起来，条分缕析，讲得明明白白。曾听一位老师讲课，他还要帮学生回忆、梳理结论产生的思维过程，请学生反思自己的思维方法，真可谓高人一筹。

四是摘要记录。好记性不如烂笔头。好的课，不仅要让学生激动一阵子，还要管用一辈子。教师提醒或是干脆听写整合后的结论，让学生把口头语言变成书面语言，又是一次思维的提升。

以上案例由果索因，从学生阅读题的实际出发，逆向导出课堂阅读教学的现状和流程。这样的课堂设计，才会让教师的"教"和学生的"学"更扎实、更有效。

毋庸置疑，阅读的核心是理解，阅读教学和评价的核心是学生的理解能力。那么，在构建扎实、有效的教学框架之外，我们就有必要回到问题的原点：深入研究什么是理解，学生真正理解的标志是什么。

什么是理解？百度百科说，理解就是每个人的大脑对事物分析决定的一种对事物本质的认识，就是通常我们所说的知其然，又知其所以然。理解是个体对事件的逻辑表示赞同。

理解的标志是什么？也就是我们怎么就知道别人理解了，或是我怎么让别人知道我已经理解了。百度百科这样解释：理解常以问题解决的方式来进行。对提出的问题所给予的回答，可以表现出理解的不同程度或不同水平。

理解的标志之一，是对所理解的对象能用自己的话表达出来，包括对语言材料能加以改组，改变其表达方式。对某事物理解不确切，难以用自己的话表述，或仅能背诵原文，这说明对文句或事物并没有真正理解。

理解的另一标志，是根据对某一事物的理解，能独立完成所需要的动作。如仅能根据他人的指导来完成它，也不能认为是真正的理解。对客体进行实际操作常能帮助理解。在理解的过程中，言语表达和实际动作有时并不一致。良好的理解应是二者的结合。

既然理解主要是对事件逻辑关系的认同，那么怎么检验是否理解了呢？有两种办法，一是"用自己的话表达"，二是"独立完成所需要的动作"。前者为转述，后者为迁移。

转述不是复述，它强调的是"用自己的话"——输入的是别人的话，输出的必须是自己的话，意思不变，经过了学习者大脑的重组，表达方式变了。这表明学习者认同了事件的逻辑关系。

下面是电视剧《我的兄弟叫顺溜》中的一段人物对话：

排长：你现在所在的位置是一个草岗子，周围没有居民地，只是这个岗子下面有个小孤院儿。公路呢？它就在你的正前方，由东南方向延伸到西北方向，还有公路远端有个拐角，如果石原一旦出现，他一定是从拐角那边过来的。这个拐角的距离已经超出了你的射程，你必须把石原放近了才能打。石原走到哪里，才能进入你的射程呢？听我说啊，拐角处一过来百十来米，公路的路面上有一块翘起的大石板，它盖住了小半个路面，你必须等石原越过了那块翘起的大石板，他才算真正进入你的射程，你才能开枪。记住了吗？

顺溜：记住了。排长，用我重复一遍吗？

排长：重复一下。

顺溜：公路远端有一个拐角，那儿超出我的射程，必须等石原越过那块大石板，才算进入我的射程，那时候我才能开枪，对吧？

对顺溜来讲，他通过听觉输入了排长交代的两百多个字的狙击任务，经过大脑的加工之后，通过口头语言的近五十个字进行输出、重复。这里的"重复"，不是简单背诵排长的话，而是用自己的话进行了加工和转述。因为这个转述足以证明顺溜认同了狙击任务这一事件的逻辑关系，所以我们断定，顺溜理解了排长的意思，所以排长说："我讲了半天，你两句话给我讲完了。"

迁移强调的是运用。因为要在陌生的情境中运用理解的知识独立完成所需要的动作，所以迁移一般要比转述的理解水平高。比如，学习了一道数学例题后，学生举一反三，独立解决了很多的练习题，就是理解。古代那个"从三到万"的富家子弟，以为"万"字也是"一、二、三"的写法，那是没理解。

程翔：理解的四种类型

研究了百度百科的解释之后，我们再来听听著名特级教师程翔的观点。

他在《课堂阅读教学论》（浙江古籍出版社2005年版）第三章《课堂阅读教学内容（下）》中，专门对理解的内涵和分类做了阐释。程翔老师认为，理解有三个层面上的含义：一是教学论上的理解，二是阅读学上的理解，三是哲学解释学上的理解。教学论上的理解主要是指学生掌握新知识，认识客观事物的过程，属于认知范畴。阅读学上的理解指的是读者在阅读文本过程中的思维活动。哲学解释学上的理解，是人的生存方式的体现。

在阐释了"什么是理解"之后，程翔老师又分析了"原始理解""后续理解""创新理解"和"荒谬理解"等四种理解类型。

原始理解：学生对课文进行原始阅读后的一种理解，是对课文的第一印象。这是阅读教学的起点，教师的教学必须以此为据展开。

后续理解：学生在课堂上听老师讲解，与同学们一起讨论，阅读有关参考资料，逐步修改、完善原始理解。这是阅读教学的重点，对促进学生最近发展区具有重要作用。

创新理解：包括独立思考、大胆怀疑、提出新见解、具有批判精神、冲破思维定式等。

荒谬理解：正误，指读者的理解虽与作者的创作本意相抵牾，但作品本身客观上显示了读者理解的内涵，从而使得这种"误解"看上去又切合作品的实际，令人信服；反误，指读者自觉不自觉地对文学作品进行穿凿附会，甚至歪曲。

在理解的内涵阐释上，百度百科"理解就是认同事件的逻辑关系"的认识，和施莱尔马赫"理解就是发现作者的意图"的观点，在逻辑上相似，都强调了读者对文本和作者的尊重，主观对客观的发现和顺应。比如，对《背影》的解读，通过揣摩文本含蓄的语言，再借助大量资料佐证：这篇文章其实是作者写给父亲的一封道歉信，朴实真诚的语言背后，掩盖着父子之间一场旷日持久的战争。

但面对文本，读者不是被动接受，而是"积极地应答文本提出的问题"，和文本展开对话，用自己的"前理解"不断对文本进行阐释。"前理解"这个概念，可以部分回答这个问题：为什么面对同一个文本，人们的理解却大相径庭？鲁迅说《红楼梦》，经学家看见《易》，道学家看见淫，才子看见缠绵，革命家看见排满，流言家看见宫闱秘事。为什么会这样？原因在于他们的"前理解"不同。

依我看来，程翔老师对四种理解的阐释尚有局限。"原始理解""后续理解"是以时间为维度、以教学为界线的分类，只有对比存在才能显出价值，至于这个理解的内容是什么，以及为什么会有这样的理解，就语焉不详了。"创新理解""荒谬理解"和前面以时间为维度的分类不同，这是指向内容和评价的两种极端理解，虽然一个是大力提倡，一个是极力避免，但其实在实际教学中，典型意义并不大。这四种理解都是直接面对理解结果，或以时间或以评价为标准的静态分类，好比说大家都对一件首饰的工艺和价格指指点点，却不能解释首饰的来历和工艺流程。

威金斯：理解的"六侧面"

对理解进行系统阐释和设计的是《追求理解的教学设计》一书。作者威金斯把"理解"的标志划分为了六个侧面。

侧面1：解释：恰如其分地运用理论和图示，有见地、合理地说明事件、行为和观点。

侧面2：阐明：演绎、解说和转述，从而提供某种意义。

侧面3：应用：在新的、不同的、现实的情境中有效地使用知识。

侧面4：洞察：批判性的、富有洞见的观点。

侧面5：神入：感受到别人的情感和世界观的能力。

侧面6：自知：知道自己无知的智慧，知道自己的思维模式与行为方式是如何促进或妨碍了认知。

和百度百科提出的转述、迁移相比，威金斯提出的理解评估手段更丰富、更全面，也更科学。

威金斯提出的理解"六侧面"，或者说是理解的六个维度、理解的六种表现形式，不仅为我们提供了证明自己或观察别人是否理解的六个角度或评估证据，也可以作为六种反复运用、推进理解的训练形式。

既然无从知道理解发生时人的大脑的内在机理，那就提供多个从外部观察、评估理解的角度。这是理解"六侧面"理论最大的意义和价值。

为了更通俗地解释理解的六个维度，我想借用电视剧《潜伏》里的两个片段来说明。一是余则成和翠平举行婚礼时，有这样一段对话：

余则成：不肖则成，今日大婚，只能掌灯夜烛，无三叩九拜谢恩列位尊堂，无花酒饭菜招待各位乡亲父老，无凤冠霞帔装扮新娘，这一切实属无奈。战火无情，恩爱有成。所幸家妻翠平不厌简陋，愿与我这般过生活，令则成感激不尽。我们秉承家道，敬祖上，为家门添荣耀，传宗接代；为国业行大义，不辱声望——

余则成这番庄重、严肃的表白，翠平"理解"了吗？貌似理解，其实并未真正理解——

翠平：都是新词。

"都是新词"，潜台词其实就是"说得真好——一句没听懂"。面对这一堆多用文言和对偶的书面语，翠平无法接纳这个突如其来的、陌生的话语系统，也就无法理解其中的逻辑关系和表达内容。

二是剧情发展到最后，翠平撤退没成功，做了人家的用人；余则成被器重他的站长拖住要一起撤退。在机场，两人竟然不期而遇。相距咫尺，却又不能相认；纵有千言万语，却不能说话，也不知从何说起。最让人感动的，是翠平上车即将离去，余则成绕着车头，做起那个只属于他们两个人的动作——老母鸡"咕咕咕"——

我们可以肯定地说，余则成这个没有语言解说的动作，翠平理解了，深刻地理解了，理解得到位了。

下面我们借用威金斯的理解"六侧面"理论，尝试对翠平的理解行为做一个心理或行为描述。

解释：余则成用这个动作告诉翠平，她永远是他的老母鸡！永不抛弃，他会永远爱她！还有一个意思就是，有个秘密情报，在鸡窝里。

阐明：这个动作是他们俩最默契的语言！这个动作是余则成的责任和承诺，也正是余则成对她的表白和誓言。

应用：在后来执行任务中，翠平做了一个类似咕咕叫的母鸡的动作，既化解了危机，保护了战友，又巧妙地传递了情报。

洞察：余则成这样做多么聪明啊！他不但向她传递了情报，还不会引起敌人的注意，保护了他们两个人。当然，他这样做也可能随时暴露，是很危险的。

神入：如果换作是她，她会像他这样机智吗？她知道余则成爱她，她也深爱着余则成。她能做的就是报以理解、信任、感动和含泪的微笑。

自知：她在地下工作上的缺点很多，遇事急躁，直来直去，不像余则成这样随机应变；在余则成做出"母鸡咕咕叫"的动作时，她能做的就是配合他、领会他的意思，而不能有其他什么夸张的举动。

《理解为先模式——单元教学设计指南（一）》（福建教育出版社 2018 年版）里引用过一个"找出规律"的例子。教师要求学生找出后面一排数字的规律：1，1，2，3，5，8。学生一时找不出规律，教师告诉学生规律是"数列中的任一数字是前两个数字的和"。接着发生的事实，有些只是貌似理解，有些才是真正理解。

如果学生只能重述："数列中的任一数字是前两个数字的和。"

——未必理解。并没有真正理解所说的内容具体指什么或者接下来的数字是什么。

如果学生说出："哦！我知道了：2+3=5，3+5=8。"

——能证明已经掌握了规律，获得意义理解，并加以应用，而且是用自己的话进行解释。

如果学生说出："接下来的两个数字是 13 和 21，因为 5+8=13，8+13=21。"

如果学生发现为什么第一个和第二个数字是一样的，为什么这种情况只有一次。

——拓展了所学的知识。更有信心断定学生已经真正理解了内容。可以清晰地把握整体图像；可以突破给定的信息，理解所学内容，主动建构意义。

必须说明的是，理解的六个侧面，不是按照一定的等级层次所列出的，也不是评估理解时必须全部运用。设计者应该根据内容本质或理解需要选择一个或几个方面。

对"理解"的理解

理解的这六个维度，我们无法区分其层级的高低，它们都只是证明是否理解的角度之一:"解释"侧重内涵逻辑,"阐明"侧重意义价值,"应用"重在迁移运用,"洞察"重在揭示本质,"神入"即是移情换位,"自知"也就是反思自己。

那么,对一个具体的问题,我们怎么选择以及选择多少评估的角度呢?这个问题不能一概而论,要视具体的内容特点和理解需要来确定。我们一般认为有的维度特别适合文科尤其是文学文本,比如,"神入"和"自知";有的维度特别适合理科尤其是科学文本,比如,"应用"和"洞察"。《理解为先模式——单元教学设计指南(一)》指出,我们不必强求在数学课上创造一个"移情(神入)"的任务;一个化学老师要求学生为"死去"的元素写一份讣告,来解释该元素流失所带来的影响,又明显是借助"移情(神入)"。

如果你觉得用一个角度评估,学生的表现可能有偶然性,那就再追加一个;如果两个角度的评估,学生的表现都很优秀,那我们就可以更自信地断定学生已经理解。当然,如果你觉得有必要,还可以继续追加,或者设计出综合运用几种评估方式的学习任务。一般情况下,学生通过的评估考验越多,评估的结果就越准确,同时学生在评估中经受的理解训练就越扎实。

毋庸置疑,人的理解能力一定是有水平差异的。百度百科对理解能力是这样定义的:理解能力是指一个人对事物乃至对知识的理解的一种记忆能力。

理解有三级水平,低级水平的理解是指知觉水平的理解,就是能辨认和识别对象,并且能对对象命名,知道它"是什么"。

中级水平的理解是在知觉水平理解的基础上,对事物的本质与内在联系的揭露,主要表现为能够理解概念、原理和法则的内涵,知道它是"怎么样"。

高级水平的理解属于间接理解,是指在概念理解的基础上,进一步达到系统化和具体化,重新建立或者调整认知结构,达到知识的融会贯通,并使知识得到广泛的迁移,知道它是"为什么"。

经过对比以上百度百科、特级教师程翔和美国教育评估专家威金斯博士的相关论述,我们发现他们的认识有相同,也有不同。程翔老师的研究主要聚焦在阅读教学的实施层面,即"怎么做";威金斯博士的论述主要是在理解的评估层面,即"怎么知道"。如果把它们融合起来,我们将得到很多启发。

第一,要非常重视学生的"前理解"。前理解,既是学生的生活、阅读经验的积累,也是既有阅读能力的体现。前理解是学生阅读理解的起点和土壤,也是教师进行教学设计的逻辑起点。古人说,少时读书,如隙中窥月;中年读书,如庭中望月;老年读书,则如台上玩月。为什么面对同一本书,人在不同阶段阅读,会有不同的理解与认识?关键是前理解在起作用。

提高和丰富学生的前理解,当然不能静等学生人生经验的积累,而要在扩大阅读量、积累阅读经验上下功夫——阅读量越大,阅读经验越多,前理解就越丰富。换句话说,阅读量越大,读懂的东西就越多;读懂越多的东西,反过来又提高、丰富前理解。

如何唤醒、尊重学生的前理解,如何以学生的前理解为起点设计教学,如何通过教学手段不断丰富学生的前理解,这些都是教师必须研究和解决的问题。

第二,理解是作者、编者和读者三者之间的对话。教师既要尊重作者的创作原意,又要尊重学生个性化的阅读体验,还要兼顾教科书编者的编写意图。读懂原意,就要从文本本身、写作背景和意图出发,有时还要借助其他资料的佐证,否则就是肆意发挥;读懂编者意图就是要看文本在教科书中的位置和单元目标,弱水三千,只取"目标"饮,否则就浪费了文本的教学价值。

第三,对理解的评估要贯穿于教学过程的始终。教师从制定和提出学习目标,到设计活动达成学习目标,再到对学习目标的诊断和个别化辅导,都要有强烈的评估意识、实证意识,而不是靠教师个人的主观经验评估,也不是单一乏味的评估。解释、阐明、应用、洞察、神入、自知，评估手段既生动活泼、富于变化，又扎扎实实、在反复中推进。"告诉"和"知道"都不是理解，灌输式教学注定只是教师的一厢情愿、主观臆断。学生不经历思维的过程、只背别人的结论注定只是在饮鸩止渴，自我麻醉。

《礼记·学记》中说"开而弗达"，意思是说要指导学生学习的门径，而不是代替学生得出结论。只有开而弗达，学生才会真正开动脑筋思考。

第四，理解不是一次完成的，学习是一个不断试错的过程。人的大脑为后天的学习准备了各种可能。学习是在试错中不断积累经验，理解更是一个反复训练、慢研细磨的过程。人对一个新问题的理解，要嵌入大脑的旧有体系中，再沉淀成熟练的人生经验，不是一件容易的事。理解了这一点，我们才不会对学生不尽如人意的表现过分焦虑；理解了这一点，我们才不会蜻蜓点水地对待一个理解目标的学习设计；理解了这一点，我们才会发自内心地认同"学无止境"的学术态度；理解了这一点，我们才会明白在不同的年龄和学段提出恰切的理解目标是多么重要。

怎样提高学生的阅读理解力？相信你已经找到了答案，除了学生的前理解还有待提高外，最重要的是在课堂上进行这种扎扎实实的理解力的常态训练。这种训练，一是要教师精心地去设计，二是要学生忘我地去参与。

让学习从山腰开始，在山顶展示

李希贵校长在一次点评基于标准的学习案例时说，教师的有效设计使学生的课堂学习得以从山腰开始，在山顶展示。于我心有戚戚焉。

从山腰开始，在山顶展示，真是一种学习的美好境界！

课堂学习，是学生整个学习链条中最重要的一部分。从本质上说，它限时、限地、限目标，是一种指向性、功利性都很强的活动。从山腰开始，删繁就简，直击要害，指的是课堂学习的起点，既是课堂学习的内容，又是课堂学习的目标。在山顶展示，深度学习，登堂入室，指的是学生学习结果的呈现，是课堂学习的终点，也是对目标达成的评估。

在山顶展示，遇见的才是最美的自己、最美的同伴和最美的风景。

可惜，我们见到的教学实际却经常是：从山脚开始，在山腰展示，甚至是从山谷开始，在山脚结束！究其原因，有以下五个方面。

一是学生自主学习习惯的培养不到位。如果你的学生总是以"上课铃响"作为学习的开始，以"下课铃响"作为学习的结束，每次差不多都是扛着空脑袋的零起点来到你的课堂，你对此又视而不见，置若罔闻，那么任你的课堂设计再精巧，任你在课上使出浑身解数，你也不可能带领学生爬到山顶。课堂学习不是学习的全部，只是学习链条中最关键的一环。学生可以自主完成的学习内容、没有必要课堂讨论的学习内容等，都不应该作为课堂学习的内容。只有学生的自主学习习惯培养到位了，等到开始上课时自己已经爬到山腰了，你的课堂才可能"从山腰开始，在山顶展示"。

二是教师课堂学习目标的制定不科学。学习目标是课堂学习的灵魂。教师对学习目标的选择，体现了教师对核心素养、课程标准、学科本质、文本特质和学生学情的把握。学习目标过多，非核心目标就会喧宾夺主，占去宝贵的学习时间；学习目标过高，学生就无法进行新知识的建构，从而无法展示学习结果；学习目标过低，学生轻而易举达到，让师生误以为到了山顶。总之，如果你认同"在山顶展示"的教学追求，就应该设计能"在山顶展示"的学习目标。

三是学习任务的设计偏离了学习目标。有时学习目标没有问题，但是学习一旦展开，学习任务却无中生有，旁逸斜出，从而使课堂学习偏离轨道。课堂45分钟看似很长，但也经不起拖沓冗长的拆分。课上的每一秒都很金贵，我们说的每一句话，做的每一件事，都要有来由和出处，都要经得起学习目标的检验。学习任务本来就应该是一门心思直奔学习目标的，课上本来就不应该涉及学习目标之外的任何任务，那样学生的学习结果才有机会"在山顶展示"。教学设计的缓入早出，让师生永远都见不到山顶的风景。

四是学生学习缺少必要的工具、脚手架。工具是落实学习任务和目标的载体，看得见，摸得着，可测量。比如，一张表格，一个流程。脚手架是学生完成学习任务的支撑点、模仿点、攀爬点。比如，一段资料，一个示例。教师借助必要的学习工具和脚手架，把学生置于距离学习目标最近的地方，会最大限度地避免不必要的曲折和摸索，从而使学习更高效、深度发生。

在"戏剧文学"学习单元，为了落实"说出剧本的矛盾冲突是什么"的学习目标，教师设计了"剧本排行榜"的学习工具，并提供了排行榜示例的脚手架；为了落实"通过经典台词分析人物形象"的学习目标，教师设计了"听我给你说说戏"的学习工具，并提供了对两句台词做分析的脚手架。

五是教师长期被束缚不愿有更高的追求。有的教师长期受到考试压力、绩效考核等的束缚，关注的不是学生的核心素养和思维品质，脑子里往往充满了考点和分数。时间久了，思维方式逐渐固化，从而失去了引领学生到山顶展示的耐心和追求。

在学习科学家看来，是"深度学习"还是"浅表学习"，是学校教育成功或失败的关键原因。在山脚或山腰展示，就是浅表学习；在山顶展示，才可能是深度学习。最可怕的是，有教师一直误以为自己是在山顶，或者从来不知道还有山顶，最后师生都成了自以为是的井底之蛙。

再来一次：教育的耐心和智慧

初一年级开学第一周，尤其是起始年级的老师都非常重视对学生遵守规则、养成好习惯的培养。比如，有的老师对作业纸、小组讨论等做出细致的规定，有的老师很注重对学生常规习惯的培养等。一位老师在学习新课前，先带领学生熟悉学科和教室的规则，其中一条就是强调学生下课后，要把座椅推到课桌的下面。我很注意这个细节，想看看下课后到底有多少学生遵守了这条规则，也想看看老师在下课时是否以及怎样加以强化和评价。

下课后，学生都离开了教室。我们一起数了一下，结果是全班24人中有15人把座椅推到了课桌下面。我们坐在教室里讨论对这件事的看法，最后认识到，在老师只说了一遍的情况下，仍有62.5%的学生做到了，老师应当为他们和自己感到高兴——当然也不排除他们在前面其他课上也受到了类似的教育。那么有没有让全班24人都能做到遵守规则的办法呢？

最简便、最有效的办法，莫过于"再来一次"。比如，老师在第一次讲解规则后，就组织全班同学"演习"一次，最后不遵守规则的人数将大大降低；如果在下课前再演习一次，最后不遵守规则的人数可能就是0。那么这是不是说以后上课就高枕无忧了呢？当然不是。一般还要在后面的课上再巩固几次，然后慢慢向评价的办法转移。比如，及时表扬和个别纠正。等所有的学生都习惯成自然，这件事才算告一段落。

一个推座椅的习惯是这样，作业纸的使用、作业的改错、小组讨论规则的建立等习惯的养成莫不如此。"说过""讲过""强调过"不能成为教师批评学生的理由，关键是要看教师为说、讲、强调的内容又做了哪些有效的落地设计。

课堂管理要有效，真不是一件容易的事。

《北京市十一学校行动纲要》第 61 条说："将落实进行到底。狠抓落实才能提高质量，学了要会，会了要对；在没有射中的靶子上再射一箭。"

学习，本质上其实是一个试错的过程。再来一次，既给了学生思维重启的机会，也给了教师调整策略、重新评估的机会，这是对人学习规律的顺应和尊重。

再来一次，体现的是教育的耐心，更体现了一种教育的智慧。

除了课堂管理需要"再来一次"，其他方面也需要"再来一次"吗？

一节地理课的其中一个环节是，教师要求学生在组内分享自己印象最深的一处景观，并对最后的展示环节提出了要求：要说出组内另一位同学陈述的内容以及他的名字。我觉得这是一个非常好的设计，它不但加速了组内同学的相互认识，训练了学生的倾听能力和习惯，更重要的是，它成了一种推动小组互动、高效分享的自动化机制。

但是讨论结束后，接连两个学生的回答都不好，要么不记得同学的名字，要么对内容的陈述支离破碎。

课后我们一起分析了这个环节，感到这其实是一个很有挑战性的学习任务：有讲、有听、有问，更重要的是，还要把听到的信息，转化成自己的语言，再讲给别人听，难怪一开始学生表现得很不适应。

解决这个问题的方案，仍是"再来一次"。比如，第一个学生回答后，老师说："很遗憾，你未能按照老师的要求去做。我想知道有哪些同学可以做到呢？"然后请一位举手的学生展示。之后老师要请这个学生分享自己的经验："你是怎么做到的呢？"接下来，不要再展示，而是要求全班学生"再来一次"：重新进行组内分享，所有学生都要按照要求准备一份新的分享内容。重新展示最好从刚才表现不佳的第一个学生开始，之后通过对他短时间获得进步的赞赏进行巩固和强化。

在另一节课上，围绕"认识自我"这个主题，教师让学生写出 20 条描述自我的内容。写得怎么样呢？下课后我们数了一下，发现9个学生未写完。能认识自我绝非易事，尤其是在课堂有限的时间内表达出来，所以教师要有帮助这些学生的一些设计。还有，评价这个学习结果的标准，不应该是写完或没写完，而应该是写得是否准确；如果不准确，即使写完又有何益？即使只写了一条，但如果描述非常准确，也要大加赞赏，所以教师还要有帮助这些学生再提升的一些设计。

如果教师安排一次组内的分享和互评，之后"再来一次"，请各自修改提升，效果是不是会更好？

其实，在课堂学习中，经常需要"再来一次"。比如，学习目标、量规量表、学习策略等要反复出现；对一个重要问题的讨论，教师请学生针对众说纷纭的答案重新思考，再次展示；在讨论一个重要问题之后，教师请一位学生做答案的整合，请一位学生梳理这个答案产生的过程，请一位学生总结自己在这次讨论中的经验和教训……

几乎所有的学习，都不是线性发展、一次完成的，而是迂回曲折、周而复始的。听课中，我发现很多课程Ⅰ（北京市十一学校数学、物理、化学等开设分层课程）的课，学生不重视，思维不活跃，精力不集中。排除不可改变的客观因素，其实教师可以有很多设计。比如，如果缺失了对学生学习效果的课堂评估，学生学习全凭自觉和习惯，学习效果自然是无法保证的。

如果评估的内容和方式稍微复杂些，那么一上课教师就可以告诉学生，所有的课在结束前都可以有一个"再来一次"、生动扎实、以"写"为载体的评估。比如，写出关于这节课学习内容的三个关键词，针对这节课的内容提出一个问题，各用一句话评价你和老师在这节课上的表现，根据这节课的内容猜一猜下节课我们会干什么等。学生写在教师提前准备好的便签纸上，写完后贴在黑板上才可离开教室。课后，教师可以把写得好的留在黑板上，下节课上课前就可以通过对这些便签内容的点评，"再来一次"，从而温习上节课的学习内容。有人把这种下课前的评估形象地叫作"出站检票"。

总之，课堂管理、课堂讨论、课堂评估等，往往都需要"再来一次"。

讲过的题怎么还错呢

听一节高一物理课，内容是试卷讲评。讲到一题时，教师问："这道题你们看着眼熟吗？"有的学生赶紧翻练习册，有的学生则故意说："不熟——"原来这是一道学生做过、教师讲过的题。"讲过的题你们怎么还错呢？"教师一边板书思路，一边幽默地问："你们有没有时光倒流的感觉？"学生却故意拖着声音地说："没——有——"

听一节高二数学课，教师讲解上节课诊断的一道题目，看来也是做过、讲过的。"讲过的题怎么还错呢？"教师一边讲解，一边板书，最后语重心长地说："记住了吗，你们？"学生调皮地回应道："收到！"

这两个课堂片段给我留下了很深的印象。因为物理老师可爱的体态和近乎陶醉的舞蹈式动作，因为数学老师冷静、清晰的逻辑表达，因为两节课上愉悦、和谐的师生关系——还因为老师随口说出但很容易被忽视的一个细节：讲过的题怎么还错呢？

是啊，讲过的题学生为什么还出错呢？不同的学科，不同的年级，不同的课堂；相同的语境，相同的困境，相同的逻辑。用联系的眼光，勾连起纵向、横向的比较，看似司空见惯的教育细节也变得耐人寻味了。

有意思的是，第二天在一节初一数学课后，我刚聊到这个细节，数学老师就跟我说："课上我也这样说啊！"

让我们先来分析一下这个问题本身。

首先，它背后隐含的思维方式可能有问题。隐含的思维方式就是：讲过的题就应该做对，而不应该出错——如果出错，你就是有问题的。事实上，如果教师讲过的题学生都会做，教学也就变得简单无比了。如果把责任都归咎到学生身上，也显得过于武断和草率。"毋庸置疑的是，人脑拙于运算。因为在人脑进化过程中，根本没有为记住乘法表或解答需多步解答的两位数减法题做好任何准备。我们估算总数的能力或许来自遗传，但要做带有符号的运算题可能是一场屡屡犯错的'磨难'。"（《教育与脑神经科学》，华东师范大学出版社2014年版）做过、讲过的题还会出错，是一种客观事实。学习，真不是一件易事。

其次，就是这个"讲"字。这里暂且不去评说教师"讲"、学生"听"这种学习方式的局限，我们只去追问教师当时是怎样"讲"的，又是凭什么判断学生已经理解和掌握了。同样是"讲"，效果也是大不相同的。

再次，最要命的就在"还错"二字上。言外之意就是"上次你错了，这次你又错了"。是不是所有的学生都是这样的呢？显然不是。仔细分析起来，学生应该有以下四种情况：第一种，上次错了，这次又错了；第二种，上次错了，这次对了；第三种，上次没错，这次错了；第四种，上次没错，这次也没错。

第二和第四种情况是教师最期望看到的，但现实却往往旁逸斜出，防不胜防，非常复杂。

第一种情况最糟糕：有的学生两次错因相同，一直没听懂，从来未学会；有的学生两次错因不同，按下葫芦浮起瓢。即使教师又讲了一遍，也没有切中他们的难点和痛点，没能实现他们对新知识的有效建构和深度理解。

第三种情况最遗憾：从"懂"到"会"，从"会"到"对"，从"对一次"到"次次对"需要"学而时习之"。这中间注定要有一个"练习 — 出错 — 纠错 — 熟练"的过程。这是人学习的真实情况，也是规律。面对规律，你只能遵守，不能违反。

总之，具体学生要具体对待，具体问题要具体分析。教师在没有对两次出错的学生名单进行比对，没有对具体学生的错因进行具体分析的情况下，得出"讲过的题还错"的论断是没有任何作用的。

最后，还要研究一下教师"亡羊补牢"的措施。一般情况下，教师会在讲评试卷后让学生改正错误并写出错因分析。但是这个措施，对有的学生还有再"进一步"的必要。比如，课下请他们把错因和正确解法向别人讲一遍，并接受大家关于"为什么"的追问。如果对那个"错点"的理解依然一知半解，如果对错因的描述仍然吞吞吐吐，如果连正确的解法也是破绽百出，错题本做得再漂亮又有何用？

总结一下，以后遇到教师讲过学生还错的情况，教师要先自问四个层次的问题：

第一，我上一次是怎样讲的？讲的效果怎样？我这样判断的根据是什么？

第二，让学生从"懂"到"会"、从"会"到"对"、从"对一次"到"次次对"，我的做法是什么？

第三，上次错、这次又错的学生有哪些？两次错因是否相同？上次对、这次错的学生有哪些？为什么？

第四，我对学生改错的要求是什么？是否足以让出错的学生纠正自己的理解？

我在《课堂有效性的思考》中对教师"怎么讲"提出了一些自己的想法，可现在越来越感觉"讲过的题怎么还错"这个话题的复杂性，以及在实际教学中对于优化师生思维方式，推动有效学习、深度学习方面的重要性。

正当对这个话题的深入探讨感到一筹莫展时，看到教育媒体人沈祖芸老师翻译的文章《关于"学习"的九条原则》，真可谓雪中送炭，让人喜出望外。其中的两条原则是：

原则一：我们难以用天生的才能、天赋或智力来解释人类的学习。研究表明，在所有知识领域中，如果要达到精通，都需要投入大量时间、精力和个人努力，并且需要结构化的指导，天赋、才能和智力不足以解释学习或学业成就。

原则二：我们的确能通过接触由感官获取的信息而自然地学习，但是要真正成为我们的知识储备或素养积淀，这样的信息必须经过一定程度的组织，与我们自身的结构化思维和组织方式相匹配，而我们的思维结构和组织方式也会随年龄增长而发生变化。

这两个原则让我深受启发。第一，对学生来说，学习绝非易事。你可以出错，但必须为自己负责，没有"大量时间、精力和个人努力"就不可能达到"精通"。第二，对教师来说，必须对所教的信息进行"一定程度的组织"，为学生提供"结构化的指导"，而且要与此时此地的具体学生相匹配，否则就无异于缘木求鱼，讲了也是白讲。

文章最后，沈祖芸老师写下这样一段引人深思的话：

需要关注的是，直接教授是人类生活无可回避的一部分，然而奇怪的是，那些教授他人学习的人实际上对成功学习背后所隐藏的人际和心理过程却往往知之甚少。科学综合研究报告有力地提出：当教师清楚地认识到个体希望从互动中获益的学习需求和目标时，学生的学习才会进展顺利。

在我看来，以"教授他人学习"而安身立命的我们，不但"对成功学习背后所隐藏的人际和心理过程"知之甚少，对具体学生的智能倾向和学习风格更是一无所知，而一个人的学习风格、智能倾向和人际、心理等自我系统，决定了一个人擅长学习什么、擅长怎样学习和是否愿意学习，这三者是诸多影响学习的因素中最重要的三个要素。

在2017年北京市基础教育教学成果评选中，我们提出了初中学生学习路径的分析模型，并分析了它的运行机理。

如果把一个学生的学习比作车轮，多元智能和学习风格就是两侧的轮毂，自我系统就是轮胎。它们相互依存，相互补充，共同把学生从学习的起点送到终点。其中多元智能关注的是学习内容，学习风格关注的是个别化的学习过程，自我系统关注的则是学习动力。如果学生的多元智能倾向和学习风格被顺应，学生的大脑就会发出"我能做"的信号，做出"我愿意做"的反应，做出"我去做"的决定。

如果我们把讲过的题怎么还错的原因，和一个学生的智能倾向、学习风格和自我系统联系起来，在教与学的匹配度上下功夫，那才算是开掘到了话题的最深层。

分数的背后是什么

随着各科成绩的陆续发布，关于期末考试的各种悬念，也都烟消云散。又到了几家欢乐几家愁的日子。

此时，没有谁可以潇洒到不在乎分数，但是分数绝不是一个简单的数字。你是仅仅关注分数本身，还是设法找到分数背后的原因，这是两种截然不同的境界和态度。如果归因不当，甚至做出了错误反应，有病乱投医，那么，考试的价值就大打折扣，涛声依旧，你依旧是原来的你。

你可以分分计较，但计较的不应该是数字，也不是和其他人比较，而是分数尤其是丢分背后的原因。

如果你考了满分，在恭喜你的同时，我提醒你，好好总结自己的经验，列出个经验清单，从而沉淀、固化和内化这些经验，让它们在自己身上扎下根、发出芽，枝繁叶茂，开花结果，长成自己的血肉，变成自己的习惯，而不再是外来的经验。尤其是那些班里错误率很高、但你却做对了的题目里，会携带更多这样的基因。

如果你有减分，不管分数高低，你都要紧紧抓住每一个减分，沿着果寻找因。每一个减分身上都有一条看不见的线，这一头连着的是分数，那一头连着的是你平时的学习态度、深度、习惯和行为。你得顺着分数这一边的线头，导出你平日的学习行为来。

第一，对照试卷答案，仔细分析自己答案的偏差。这个偏差是原则性的，还是非原则性的？老师阅卷的评分标准和尺度是什么？

第二，还原当时的书写情境。想想当时到底发生了什么，是什么原因让你那样思考问题、书写答案。你一定要找到驱动你书写答案前一瞬间的那个念头，否则你就无法修正它——修正，其实就是校正你的元认知。

第三，越过这个题目以及知识本身，顺着线头继续导，最终要导出自己平日的一个学习行为：你最初是在什么情况下学习这个知识的？你后来又怎样复习这个知识？在这个知识点上，你有没有出过错误？为什么过去没有出错却关键时刻掉链子？为什么你的改错是无效的学习行为？你的哪一个学习习惯很容易造成错误？……

只关注分数本身，只分析知识点本身，不导出自己平日的学习行为，都是无效的试卷分析。

不是所有的归因都有道理，有些归因貌似有理，其实不然。比如，粗心、马虎和大意。这是不少学生和家长的习惯归因。试想：为什么会粗心、马虎和大意？为什么别人在这里就不粗心大意？粗心大意的本质，其实就是不会，最起码不是真会。会不等于对，由会到对，还有一个反复训练和纠错的学习过程。你总是粗心，就是你的熟练度不够，准确度不够。功力不够的时候，就是你"粗心大意"的时候。或许你会说："出了考场我就想起来了。""到了第二天，我一看都会了，一下就写对了。"出了考场或是第二天，你的大脑得到了休息，没有其他题目造成的思维干扰，你自然就会了，这恰恰说明了你不是真会。

这个归因很有迷惑性，让你似乎找到了一个无可奈何的、值得原谅的外在原因，从而埋下隐患，不能真正地改变自己。

比如，"我已经很努力了啊！"不能否认，有的学生的确已经很努力了，但是还未能取得理想的成绩，对此，老师深表理解和同情。耕耘不见得有收获，不耕耘一定没有收获。

比如，"学习是个循序渐进的过程，不是立竿见影的事"。这个理由同样很有迷惑性，甚至是麻醉性，因为它的言外之意是，你已经无可奈何了，你的时间都已经用完了，该做的也都做了，还能怎么办？然后就心安理得起来，或是怨天尤人，眼睛除了不盯自己，始终盯着别人。我要问的是，你说自己"很努力"的证据是什么？时间用完了是不是一个可靠的指标？

学习的效率有没有问题？你的学习质量又如何？如果没有明确的学习目标，没有好的学习效率和学习质量，那"只是看起来很努力"，只是"作秀后的心安理得"。

不是所有的原因你都能有所感知，有些原因你觉得天经地义，其实正受其害。比如，"语文就是背"。语文，的确需要背诵积累，背诵是一种传统的语文学习方法。语文需要背诵，但语文不等于背诵。不背学不好语文，只背同样学不好语文。背诵之于语文，冰山一角而已。因为怀着"背"的念头，所以你对平日课堂里的讨论过程不感兴趣，感兴趣的只是结论——别人都是从起点跑到终点，你却直接蹲在终点那儿等着，还以为这是聪明。试想，一个平日没有得到充分开发的大脑，又会有怎样超常的发挥呢？

最要命的是作文，你不是"讲咱老百姓自己的故事"，不是用自己的生活和生命去创造，而是信手拈来，套，套，套！考试前背下几篇范文，考场上用这篇多年前老套的旧作，甚至用别人文章里的故事去套。老师反复告诫你：所有的记叙文题目，都可以用故事去体现，没有故事，就失去了读者；所有的题目，在你的生活里一般都有一个对应的故事等着你抒写。"文章本天成，妙手偶得之。"作文，一定是我手写我口，我口表我心，忠于自己的心灵，尊重自己的内心。真实，才是作文的生命。

听说，背作文是有的学校、老师和补习班的通用做法，甚至有的家长也助纣为虐，以为寻到了药方，时间久了，反而习惯成自然。作文岂是背出来、套出来的呢！即使你得逞过几次，你还是你，你还是不会写作文嘛！你可千万不要小瞧了这个"套"字，不要认为套作是仿写。

背作文是千真万确的饮鸩止渴，"毁"人不倦啊！

请记住：学习的本质，是改变人的大脑结构，而不是简单复制、粘贴的肤浅活动。

不是所有的反应和改变都值得推崇，有些做法只是讳疾忌医，掩耳盗铃罢了。比如，进补习班。有些家长不分青红皂白，认为孩子进了补习班就像进了保险箱。补习班补什么，怎么补，都是道听途说的，孩子进了这样的补习班有什么用呢？请问：如果连孩子的起点和问题都不清楚，怎么补习？补了有什么用？知识可以补，能力也可以补，习惯怎么补？态度怎么补？钱还不是最大的事，孩子的时间和精力才是最大的成本，有的孩子一周就上三四个课外班，做补习班留的作业比学校老师留的都多。

那么有没有一个亡羊补牢的办法呢？《北京市十一学校行动纲要》中有一句话："在没有射中的靶子上再射一箭。"刘欢有一首歌，也道出了学习的秘诀："从头再来。"总而言之，需要你自己不计成本地、坚韧不拔地从头再来。学习，别人无法代替。

让学生真正坐在驾驶座上

传统的课堂里,驾驶座上坐的是教师,学生大多是坐在车后排的乘客。当然,偶尔也有机会坐在副驾驶座上——看起来他们好像快乐无比,其实,从未真正体会过驾驶的乐趣。

学习是学生自己的事,学生须对自己的学习负责。如果学生始终都是学习之旅上的乘客而不是司机,他们就始终学不会开车,离开教师就无所适从,不知道该如何开展自己的学习。

教师坐在驾驶座上的课堂,那是"教"的课堂,课堂的主人是教师;学生坐在驾驶座上的课堂,那是"学"的课堂,课堂的主人是学生。

教师坐在驾驶座上,教学至少呈现以下四个特征。

第一,教学目标上,师生信息严重不对称。教师心里想着目标,学生眼睛盯着教师。以开车作比喻,车要开向哪里,只有司机一个人心里清楚,但却不让乘客知道,因为司机认为他们没必要知道。这是不是有点儿不讲道理?

第二,教学逻辑上,就是知识的逻辑、学科的逻辑。学科知识往往是教学的起点和终点,也是师生对话的核心。每个学科都有自己的逻辑体系,教学就是对这个逻辑体系的阐释、遵守和顺从。

第三,教学方式上,主要是教师"讲"、学生"听"的单向传输。不管是一节课的内部结构,还是一段时间的学习轨迹,教学都是一个根据学科逻辑编制出的保守闭合的"串联电路",线性推进,结构严谨,顺序不能乱,链条不能断。教学完全在教师的掌控之中,学生不能选择自己的学习方式,亦不能决定自己的学习节奏。

第四，教学评价上，尤其注重对学生学习结果的终结性评价，一般不对学习的过程做评价。在理念上，本质并不认同"课堂就是犯错的地方"；在实践上，其实并不允许学生犯错误。因此，"考""教"往往不完全匹配，"挖坑埋雷"往往是命题的取向，答案往往唯一且"不可动一字"，分数和排名成了终结性评价的代名词。

若学生坐在驾驶座上，教学则完全是另一番生态。

第一，"教学目标"被"学习目标"代替，二者绝不仅是概念表述的区别。下面用表格的形式从三个方面阐释两者的不同（来自北京市十一学校赵继红老师）。

教学目标与学习目标对比表

项目	教学目标	学习目标
目标对象不同	教学目标是由教参的编写者或者执教者制定的，面向的是教师和执教者本人	学习目标是由教师代替学生或者师生共同制定的，面向的是全班不同层次的学生
表述程度不同	教学目标制定时可以使用教师教学专业词语，甚至概括性词语，只要执教者能看懂就行	学习目标需要不同层面的学生能看懂，可操作性要强，语言就必须做到准确、具体
感情色彩不同	教学目标的表述可以用成年人较为理智、冷淡的方式表现出来	学习目标的表述应该饱含激励、鼓励的语气，以激发学生的学习积极性

一个友好的学习目标，不但清晰、适切、可操作，而且师生双方信息对称，学生不但清楚本单元、本节课的学习目标是什么，而且通过教师分享的"成功标准"知道了怎样才能证明自己达到了目标。知道、理解学习目标，变得举足轻重，不可或缺。

第二，教学逻辑上，不再单纯是知识的逻辑、学科的逻辑，更是学习的逻辑、学生的逻辑。教学的起点和终点不再仅是知识，更有具体的学生和看得见的学习。教学不否认学科的逻辑体系，但重点已不再是对这个逻辑体系本身的阐释和研究，而是转向研究"我们应该学习什么"的目标选择上，"如何进行分解体现螺旋式上升"的细化操作上，"如何指导学生学得更好"的学习经历上。以语文教学为例，如果你从"文章学"的角度切入，就是研究作者的思路、文本的思路，这就是"教"的思路；如果你从"阅读学"的角度切入，就要关注读者的思路、阅读的思路，这就是"学"的思路。

第三，教学方式上，不再只是教师"讲"、学生"听"，而是更注重对学生学习的结构化指导，对资源、工具、脚手架和量规等支持系统的研发，对学生自主学习的帮助。不管是一节课的内部结构，还是一段时间的学习轨迹，教学都是一个根据学生学习的逻辑编制出的开放、自由的"并联电路"，课堂由平面到立体，由线性到矩阵，各行其道，并行不悖。鼓励课堂适度失控，追求学习真正发生。学生是自己学习的主人，他们能够选择自己的学习方式，亦可以决定自己的学习节奏。

第四，教学评价上，不仅注重对学生学习结果的终结性评价，更注重对学生学习的过程性评价。认同"课堂就是犯错的地方"，允许并鼓励学生暴露学习中的问题。考教一致，"体检"式的诊断，往往才是命题、考试的价值取向和真正目的。答案上既尊重权威，又认同多元，诊断和反馈成了教学评价的代名词。

有件事我一直想不明白：是先有了教师，还是先有了学生，这本来不是一个鸡生蛋、蛋生鸡一样纠缠不清的问题，可是为什么当学校和教师一出现，立即就主导甚至是代替了学生的学习，抢夺了本属于学生的驾驶座呢？

教育，该为谁服务

"这是我的任务！"

这是我刚做年级管理工作时的一个故事。

一天，在走廊里遇见一个拿着文件夹的学生，向我打听教务员在哪里。一问才知道他是来催缴个别学生的校服款的，文件夹里的白纸上写满了学生和导师的名字。

我领他到办公室，把他的两张催缴名单复印了一份，然后对他说可以上课去了。他犹豫了一下，转身走了。

回到办公桌前，我逐个给欠款学生的导师发短信："请催促你班×××交校服款。"虽然内容写得琐碎、重复和机械，但这毕竟是帮学生做事情啊！

自习课巡视时，在教室又遇见了那个催缴校服款的学生。我走过去俯在他耳边告诉他我帮他通知完了。谁知话音刚落，他不解地，甚至是失望地看着我说："这是我的任务！"

他对"我"字的强调和音量，分明在告诉我，是我抢了他的活儿，语气中甚至还有让他下了岗，丢了饭碗，失去了工作机会的味道。

一见他认真的样子，我突然意识到自己好心办了坏事，只好安慰似的对他说："我通知得也不全，再说，有的老师也暂时找不到欠款的学生，最好的办法是你再逐个找到他们本人。这件事可能只有你能做好……"听到我这么说，他又来劲儿了，豪迈地点了点头。

我们认同了"教育是服务业"的观点，却往往搞不清服务的对象。教育，该为谁服务？"一切为了学生"没有问题，但"为了学生的一切"就大有问题。教育，只能为学生的成长服务。

前面的故事中，我有足够的热情和真诚为学生服务，却唯独让教育缺了席，包办、代替，武断地进入学生自主成长的领地，剥夺了他在实践中体验、成长的机会和权利。

教师和家长包办和代替学生做事，经常会以爱的名义美化自己的"侵略"，说到底，其实是没把学生当成一个独立的人去看。从其隐蔽性、迷惑性上来说，这是学生成长中遭遇的最顽固的障碍。在这一点上，学校教育，尤其是家庭教育，都要进行深刻反思。

教育，为学生的成长服务

教育，为学生的成长服务，这个道理没有人反对。但现实却是，人们往往会自觉或不自觉地掺杂一些东西，以至于挤压或颠倒了教育服务的对象。

比如，有的主管部门对学校过度干预，一年到头没完没了地督导、检查、评比……有的则频繁组织区域统考，对教师和学生进行全区域大排名，以此"提高教学质量"。一个不以学校发展为重点、一个不以促进学校教师有效成长为重点、一个每年都因为职称晋升让普通教师伤心、一个把教师变成"表哥""表叔"而不考虑教师负担、一个教研员去学校听课指导都成了"视察工作"的主管部门，学校和教师很难因此再以学生的成长作为自己的教育信念和实践。

比如，有的学校，很少考虑课程的丰富性和选择性，而是把"特色"作为办学目标，岂不知为这"特色"二字，冷落和委屈了多少学生。有的学校不惜一切代价，把升学率作为唯一的追逐目标，把学校办成了中考、高考补习班。最后"率"有了，教育没了，学生的兴趣没了；学校的业绩有了，学生的学习热情没了，美好的师生关系、学生对母校的依恋、教师的职业幸福没了。暂时赢得了今天，却永远输掉了未来。这样的教育是成就了学校和校长的教育，教育服务的对象是学校，是校长，而不是学生，更不是学生的成长。

比如，有的教师，单纯以分数和排名等外在压力驱动学生学习；有的教师，以文本解读的名义，其实是用自己主观的成人经验代替了学生的体验；有的教师，把上课当成表演，学生成了配角，教师成了主角，总在"谢谢同学们的配合"；有的教师，设计教学时很少考虑学生的"学"，设计来设计去总是离不开一个"教"字；有的教师，没有明确、科学的学习目标，自己也难以说清这节课存在的意义……凡此种种，皆不是服务于学生的成长。

比如，有的家长，缺乏平和的心态，揠苗助长，来不及等待，打乱了孩子成长的规律和节奏；有的家长，总想在孩子身上复制自己当年的成功经验，指责多于赞美；有的家长，只知道"每一对母子都是生死之交"，岂不知父母最不该成为"战士"而应该做孩子的"大地"。家长，不是教育服务的对象，因为家长也是为孩子成长服务的。把自己当成了服务对象的家长，其实是没把孩子当成一个独立的人，不知道或不愿意承认"你的孩子，其实不是你的孩子"（纪伯伦）。

怎样确保为学生的成长服务

怎样才能确保学生成长在教育服务中的核心地位呢？

①契约精神。《青岛中学办学大纲》中说："我们绝不奢望满足所有人的教育诉求，我们只寻求有共同教育价值观的家庭合作。"

每年入学之前，青岛中学和青岛市崂山区金家岭学校都要与每一名新生的家长签订一份合作契约——《您的孩子、我的学生，我们有着共同的目标》，契约中有这样的表述：

每个孩子都有属于自己的成长轨道，请不要把自己没有实现的理想强加给孩子。您可以和老师一起正确引导孩子，但请您也尊重孩子的选择，让孩子按照自己的意愿成长。

世上没有完美的孩子，请不要相信您的孩子近乎完美，犯错误是每个孩子成长过程中的必然，教育正是通过各种方式帮助孩子走向成熟。当您的孩子违反了学校的某些规则，会受到必要的批评甚至惩戒，此时希望您保持克制，一如既往地尊重这些规则。

对待孩子的学习和成长，希望您既不要过分干预，也不要不闻不问，能与老师携手，找到二者之间的平衡。

学校专注于学生成长，当学校利益、教师利益、家长利益与学生成长的利益发生冲突时，我们会选择服从学生成长的利益。学校和每一位老师既不会因为自己的利益伤害学生，也不会向狭隘的家庭利益妥协。

②量规导航。在北京市十一学校，每年都要进行"十一好家长"的评选。那么由谁、拿什么标准评选呢？如果是由学校或老师说了算，那就变味了。我们采用的办法是，由学生按照"十一好家长"的量规——三个要素、三个等级，一项一项对照、对话自己的家长，然后根据自己对照的结果决定推荐还是不推荐。只要是学生推荐的，年级就认同，就发奖。

量规，就像是通向目的地的导航，一步一步引导家长走向家校共同的教育目标。

③路径研究。每个学习者都是带着自己的特点学习的，不同学习者获取信息的速度不同，对刺激的感知及反应也不同。教育要让学生走在自己的跑道上，让学生成为他自己而不是别人，教师就必须了解学生的学习风格，研究学生的学习路径，并以此设计结构化的学习。"许多时候，教师本人往往听任自己的学习偏好支配课堂，于是，那些与教师的风格不一致的学生，就不能被吸引和激励，而那些与教师风格一致的学生则可以轻而易举地完成任务，以至于不求甚解。"（哈维·席尔瓦《多元智能与学习风格》）如果教师还不知道自己的学生是怎样学习的，那么他面对的可能就永远是抽象的而不是具体的学生，他也就不能说自己是在为学生的成长服务。

通过问卷测试、对话访谈、课堂观察和分析会诊等研究方法，我们大概能还原出学生学习的样子,然后再按照"先顺应后优化,在顺应中优化"的原则进行干预。这样不但可以让"优势变强",还可能让"弱势变均";不但可以在课下更精准地个别化辅导学生,还可以设计出"舒适和挑战并存"的课堂,让更多的学生受益。

研究学生的学习路径,让教师得以看见学生的学习过程,更容易找到问题的症结,才可能知道如何在顺应中对学生的学习路径进行优化。

学生只有从学习困惑的泥淖中走出来,并因此获得了豁然开朗的成长,他才会深入骨髓地感受到什么才是为学生成长服务的教育。

④从教到学。致力于学习设计而不是教学设计的课堂,才是真正服务于"学生成长"的课堂。教育媒体人沈祖芸说,在她看来,如何将学习过程真正地还给师生,是鉴别学习真实发生的分水岭。

⑤诊断校正。北京市十一联盟学校,每年都要进行两次对全体教职工的教育教学诊断。老师们习惯上把这种诊断称为"体检"。诊断工具由学校聘请的第三方量身设计,诊断主体是被诊断人的客户,也就是服务对象。比如,任课教师的服务对象是学生,那么任课教师的诊断数据就从学生那里采集;年级主任的服务对象是自己年级的老师和学生,那么年级主任的诊断就由自己年级的老师和学生说了算;食堂的饭菜口味、价格和服务态度,既然是全体师生心里有数,那么对食堂的诊断主体就应该是师生,而不是厨师。

北京师范大学李凌艳教授带领她的"E智慧"团队,十几年潜心研究"基于学生发展的学校自我诊断"。她认为基于学生发展的诊断有8个要素:教师、课程、教学、资源、组织与领导、文化、安全和同伴,并在此基础上细化成两百多个二级指标。二级指标之下,还会有若干个三级指标。

比如,对学科教师的二级诊断指标有6个:个别化教育、全人教育、课堂效果、学科素养、受学生喜爱程度和作业诊断。

其中"全人教育"之下的三级指标有:

①老师能够支持和促进我自主学习。
②老师注重培养我的良好品德和习惯，引导我更好地做人做事。
③老师注重帮助我确立目标，指导我做好规划。

青岛市金家岭学校组织了对学校安保、食堂、运维等外聘公司的诊断，学校师生甚至有个感觉，那就是一听说这件事，诊断还没实施，甚至工具还没开发出来，外聘公司的服务质量就开始有变化了，这足以说明诊断的力量。

李凌艳教授说："学校自我诊断是基于学校内在需求的自我评估，学校自我诊断是学校的'全面体检'+'专项检查'，学校自我诊断是学校管理工具，最终目的是有效改进。"她还形象地比喻说："专家诊断类似中医坐堂式的学校诊断；而基于工具、模型的数据采集和分析更像是西医式的诊断，再加上基于诊断的结果分析和建议，就真是'中西医结合'了。"

倘若推而广之，对教育主管部门也开发出这样的诊断工具，应该为谁服务就由谁来诊断，那我们教育的春天真的是要到来了。

教育，须回归人的本真

教育是服务业，但它的服务对象不是学校、教师、主管部门和家长，它只为学生的成长服务。教育，是让学生不断地发现自己，完善自己，并最终成为自己。

明白了教育该为谁服务，我们就不会在过度关爱学生中"代替"学生成长，也不会有很多情况下出现"做与不做，这样做还是那样做"的纠结，更不会在有意无意的"迎合"中纵容学生。

好的教育，是把人当人；坏的教育，是不把人当人。这一句话表面上似乎不好听，其实最深刻。人有人的特点和规律，人有人的优点和缺点，教育不但不能漠视，还要尊重这些客观存在，并把这些作为教育的逻辑起点。教育，不需要颠覆和革命，更需要的是回归，回归到教育的本真，回归到学习的本真，回归到人的本真。把人当成人，把人当成独立的人、正在成长中的人，当是学校教育、家庭教育乃至一切教育永恒的信念和追求。

后 记

教学设计不"以学习为中心"那又以什么为中心？

这的确令人尴尬。本来是为了学，才有了教，但现实却是，很多教并不是从学生出发，事实上也不会让学生"更好地学"或"学得更好"，所以，很多教学环节经不起推敲和追问。你问执教者为什么这么设计，他也不能从学生的角度讲清楚，教学设计中甚至很少考虑学生学习中的困难和需求，更极少思考如何判断学生是否达标的评估证据，以及亡羊补牢的补救措施。

以学习为中心的教学设计，不仅是教师一种自然自觉的态度，更应该成为教师的一种专业和本领。随着对学习科学的研究和认识，我们越来越感到学生学习行为的复杂性，我们对学生的研究、对学习的研究还远远不够。毫不夸张地说，如果我们还不知道学生是怎样学习的，那么他对我们而言就永远是一个抽象的学生；如果我们还不能自觉地、专业地从"基于学习、为了学习、促进学习"的角度设计教学，那么教学就永远是一次次自以为是的旅行。

本书收录的文章，大多是近几年在北京市十一学校"教学驱动机制"和"基于标准的学习"研究背景下，和语文学科、初中学部，尤其是教研组同仁，反复思考、讨论、实践和总结的结果。

第一辑"课堂学习，应是一条清晰可测的线段"，阐述的是怎样制定和落实学习目标。学习目标是教学设计第一位的问题，很多教学问题根本上就是学习目标的问题。

第二辑"教育有道亦有术"，阐述的是教学策略、方法问题。学习是需要精心设计的，如果我们经常设身处地地替学生着想，我们就会投入大量精力，设计让学生"学得更好，而不是更累"的工具和脚手架。

第三辑"语文大单元学习"，是2016级初中语文教研组齐心协力，攻坚克难，共同参与学校"基于标准的学习"实践研究的成果之一。

第四辑"再来一次：教育的耐心和智慧"，主要是对一些教学现象的分析和反思。学习的复杂性以及教学的惯性，都决定了从教到学的路不会一帆风顺。

最后，感恩所有和我一起教研、探索的同事，感恩李希贵校长、沈祖芸老师的高位引领和指导，感恩源创图书张万珠先生专业、坦诚的帮助，感恩北京市十一学校！

图书在版编目（CIP）数据

以学习为中心的教学设计／朱则光著． — 北京：中国人民大学出版社，2020.9
ISBN 978－7－300－28468－2

Ⅰ.①以… Ⅱ.①朱… Ⅲ.①中学语文课—教学设计 Ⅳ.①G633.302

中国版本图书馆CIP数据核字（2020）第155251号

以学习为中心的教学设计
朱则光　著
Yi Xuexi Wei Zhongxin de Jiaoxue Sheji

出版发行	中国人民大学出版社			
社　　址	北京中关村大街31号	邮政编码	100080	
电　　话	010－62511242（总编室）	010－62511770（质管部）		
	010－82501766（邮购部）	010－62514148（门市部）		
	010－62515195（发行公司）	010－62515275（盗版举报）		
网　　址	http://www.crup.com.cn			
经　　销	新华书店			
印　　刷	北京华宇信诺印刷有限公司			
规　　格	168 mm×239 mm　16开本	版　次	2020年9月第1版	
印　　张	13.5　插页1	印　次	2022年11月第6次印刷	
字　　数	180 000	定　价	59.80元	

版权所有　　侵权必究　　印装差错　　负责调换